Filosofia
novas respostas
para antigas questões

Nicholas Fearn

Filosofia
novas respostas
para antigas questões

Tradução:
Maria Luiza X. de A. Borges

ZAHAR
Jorge Zahar Editor
Rio de Janeiro

Título original:
Philosophy
(The Latest Answers to the Oldest Questions)

Tradução autorizada da primeira edição inglesa,
publicada em 2005 por Atlantic Books, um selo
de Grove Atlantic Ltd., de Londres, Inglaterra

Copyright © 2005, Nicholas Fearn

Copyright da edição brasileira © 2006:
Jorge Zahar Editor Ltda.
rua México 31 sobreloja
20031-144   Rio de Janeiro, RJ
tel.: (21) 2108-0808 / fax: (21) 2108-0800
e-mail: jze@zahar.com.br
site: www.zahar.com.br

Todos os direitos reservados.
A reprodução não-autorizada desta publicação, no todo
ou em parte, constitui violação de direitos autorais. (Lei 9.610/98)

Projeto gráfico e composição: Susan Johnson
Capa: Marcos Martins

CIP-Brasil. Catalogação-na-fonte
Sindicato Nacional dos Editores de Livros, RJ.

Fearn, Nicholas

F311f   Filosofia: novas respostas para antigas questões / Nicholas Fearn; tradução, Maria Luiza X. de A. Borges. — Rio de Janeiro: Jorge Zahar Ed., 2007

Tradução de: Philosophy: (the last answers to the oldest questions)
ISBN 978-85-7110-966-7

1. Filosofia moderna – Século XX. 2. Filósofos – Entrevistas. I. Título.

06-4552

CDD 100
CDU 1

SUMÁRIO

Prefácio *7*

PARTE I: QUEM SOU?
1. O problema do eu *19*
2. Livre-arbítrio e destino *32*
3. Mentes e máquinas *49*
4. Corpos e almas *65*

PARTE II: QUE SEI?
5. O problema do conhecimento *81*
6. O problema do significado *97*
7. Idéias inatas *109*
8. A linguagem do pensamento *120*
9. Pós-modernismo e pragmatismo *130*
10. Os limites da compreensão *152*

PARTE III: QUE DEVO FAZER?
11. Sorte moral *167*
12. O círculo em expansão *177*
13. O significado da vida e da morte *189*

Notas *203*
Índice remissivo *209*
Agradecimentos *215*

Prefácio

"Todos os interesses de minha razão, tanto especulativos quanto práticos, combinam-se nas três seguintes questões: (1) Que posso saber? (2) Que devo fazer? (3) Que posso esperar?"

Immanuel Kant

"Sobre qualquer assunto, há sempre espaço para palavras que não sejam as últimas. Na verdade, a maneira habitual de apresentar obras filosóficas me desconcerta. As obras de filosofia são escritas como se seus autores acreditassem serem elas a palavra absolutamente final sobre o assunto."

Robert Nozick

Os grandes filósofos, como Aristóteles, Immanuel Kant e Ludwig Wittgenstein, conquistaram seu status porque preferiram revolução a evolução. Preferiram introduzir novas idéias e sistemas a trabalhar com os materiais de seus predecessores. O resultado foi que por mais de 2.500 anos de filosofia, sucessivos pensadores cobriram a tela de seus objetos de estudo com tantas pinceladas que não restou nenhuma imagem discernível. Só recentemente uma restauração começou a produzir resultados. Camadas foram removidas, e limpezas mais ingênuas, rejeitadas. Velhas impressões foram reveladas à medida que as idéias de antigos pensadores ganharam novos meios de exercer influência; tintas contemporâneas renovaram as linhas mais fortes. Isso se tornou possível graças a novas técnicas na análise de argumentações, novas idéias para pô-las à prova e nova matéria-prima fornecida pelas ciências.

Estamos no momento ideal para fazer uma auditoria da filosofia ocidental. Este livro avalia o estado atual da arte filosófica, fazendo um exame geral do que foi realizado nos últimos anos nas áreas mais candentemente controversas e considerando as mais recentes abordagens sobre problemas enfrentados pela primeira vez na Antigüidade. Para completar minha auditoria, decidi consultar um grupo representativo dos principais participantes nos debates-chave de várias partes do mundo. Meu trabalho acabou sendo facilitado pela concentração da maior parte das mais excelentes mentes filosóficas em um único — embora grande — lugar, os Estados Unidos. Foi complicado pela idade avançada dos entrevistados, muitos dos quais, inclusive Robert Nozick e W.V.O. Quine, morreram antes que eu conseguisse chegar a vê-los. A maioria dos que sobreviveram mostrou-se receptiva, alguns mais que outros. Vários, como David Chalmers, Jerry Fodor e Colin McGinn, receberam-me cordialmente em suas casas, ao passo que outros, como Thomas Nagel e Alasdair MacIntyre, estavam tão desconfiados de jornalistas que se recusaram a falar comigo. Daniel Dennett e Tyler Burge concordaram gentilmente em me dar segundas chances e responder a perguntas extras, ao passo que Jacques Derrida me telefonou antes do amanhecer para se recusar a ajudar, quando eu não estava em condições de discutir.

No fim das contas, consegui entrevistar mais de 30 dos mais destacados pensadores do mundo. Após os primeiros encontros, percebi que a conversa tomava quase sempre a mesma direção. Em primeiro lugar eles me informavam que, infelizmente, houvera pouco progresso no entendimento filosófico durante seu tempo de vida. Em seguida encetavam uma longa exposição que provava o contrário. Parece que o filósofo contemporâneo típico é acima de tudo modesto. A filosofia sempre se ressentiu de expectativas excessivas, mas, se é imprudente declarar uma solução definitiva para qualquer problema filosófico, é igualmente temerário rejeitar tudo que não chegue a tanto como desprovido de valor.

Durante os últimos 50 anos, a revolução caiu de moda no mundo filosófico. As respostas tenderam a vir em tamanhos menores que aquelas do passado — assim como os pensadores que as proferem, acrescentariam os sarcásticos. Mesmo os sarcásticos, porém, admitiriam que a competência técnica está elevada como nunca. Hoje, um aluno de graduação em filosofia que se preze seria capaz de se sair razoavelmente bem num debate com qualquer pensador ilustre da Antigüidade. Há menos gurus, menos gigantes, mas maior divisão do trabalho num campo cada vez mais fragmentado e especializado. Aparentemente há menos concordância entre essas diversas escolas, mas o consenso é muitas vezes mais forte do que parece, pois uma vez que um campo tenha sido mais ou menos solucionado, os que continuam trabalhando nele tendem a ser os excêntricos. Por exemplo, embora grande parte dos cientistas esteja convencida de que extraterrestres não estiveram visitando a Terra em discos voadores recentemente, uma revisão da literatura especializada sobre "seqüestro por extraterrestres" mostra que quase todos os chamados "especialistas" acreditam firmemente em óvnis e homenzinhos verdes. Isso ocorre porque a maioria dos cientistas tem coisas melhores a fazer que tratar de questões já resolvidas com razoável grau de certeza.

A filosofia entrou numa era pós-heróica. Os filósofos contemporâneos esperam fazer nossa compreensão aumentar por acréscimos mínimos, à medida que constroem sobre uma realização partilhada — o trabalho de mais de 26 mil profissionais no mundo todo, segundo o Centro de Documentação Filosófica —, iluminada pelo mais recente trabalho no resto das humanidades e nas ciências. O papel do gênio diminuiu, talvez porque tenham sido escassos nos últimos anos, talvez porque se leva muito tempo para reconhecê-los como tal, mas mais provavelmente porque a disciplina aprendeu com seus erros imperialísticos. Um desses erros é ir além das próprias possibilidades. No início do século XIX, o filósofo alemão Georg Hegel usou seu sistema filosófico para prever que só poderia haver sete planetas no sistema solar. Hoje, espera-se, os filósofos têm uma idéia melhor do que pode e do que não pode ser resolvido mediante raciocínio lógico. Tampouco consideram necessário virar sua disciplina de cabeça para baixo a fim de resolver problemas filosóficos. Não há necessidade de revolução quando um progresso constante, permanente, já está sendo feito.

Os filósofos de hoje rememoram pelo menos cinco grandes revoluções nas idéias. A primeira foi o nascimento da razão como um instrumento para desvendar a verdade nos séculos V e VI a.C., que chega até nós através das obras sobreviventes dos filósofos pré-socráticos e dos diálogos de Platão. Fundando-se nas idéias de seu mestre, Sócrates, Platão sustentou que nossas idéias são corretas ou errôneas na medida em que correspondem às "Formas" sobrenaturais da Beleza, da Bondade, da Coragem e assim por diante. Platão afirmava que esses modelos eram objetos em si mesmos — mais reais, de fato, que os objetos que encontramos no mundo físico, porque eram perfeitos, puros, eternos e imutáveis. Sustentou que, empregando a razão de maneira apropriada, poderíamos chegar a ver essas verdades e alcançar o conhecimento genuíno com que substituir a mera "opinião" que em geral nos satisfaz. O único limite era o material com que tínhamos de trabalhar — pois o mundo físico contém apenas cópias das verdades eternas.

No século XVIII, em Königsberg, a segunda grande revolução foi levada a cabo quando Immanuel Kant transferiu a ênfase para o sujeito humano. Tudo que vemos e ouvimos, tudo que a mente apreende, deve, pensava ele, ser moldado pelos sentidos e o intelecto para nossa compreensão. Nunca podemos contemplar a natureza intrínseca das coisas, como sonhava Platão. Só o que podemos conhecer algum dia é uma versão antrópica de Deus, da Virtude e da Beleza. Na formulação de Kant, quanto mais conhecemos as capacidades de nossas próprias mentes, mais nos aproximamos do verdadeiro conhecimento. Só podemos compreender os limites de nosso mundo examinando os limites do pensamento humano.

A terceira grande revolução ocorreu mais ou menos na mesma época, na Grã-Bretanha. John Locke e David Hume haviam aplicado a metodologia científica de seu predecessor do século XVII, Francis Bacon, elaborando um sistema filosófico conhecido como "empirismo". Segundo os empiristas, só podíamos conhecer o que estava no âmbito de nossa experiência. A razão por si mesma não era capaz de descobrir nada de novo, mas meramente de rearticular o conhecimento já fornecido pelos sentidos.

No século XIX, mais uma revolução ocorreu quando o pensador alemão Georg Hegel iniciou o estudo do que o Homem pode vir a ser, em vez do que simplesmente é, citando as forças históricas que superam a razão na criação de novas idéias e modos de vida. Sua "dialética" acompanha o choque de movimentos opostos para mapear "o progresso na consciência da liberdade", e ele definiu o estado que encarnava esse desenvolvimento como "a marcha de Deus através do mundo". Ali onde Hegel atacou a razão a partir de cima, seu compatriota Friedrich Nietzsche solapou-a com um apelo ao motivo. Afirmou que os valores são transformados em verdade pela "Vontade de Poder" dos indivíduos, não por qualquer recurso a fatos e observação. De um golpe, Nietzsche forneceu as bases para a antifilosofia conhecida como "pós-modernismo", que continua tão apreciada nos departamentos de humanidades.

No início do século XX, os limites se estreitaram quando filósofos como o austríaco Ludwig Wittgenstein criaram uma quinta revolução, propondo que os limites do pensamento eram delineados pelos limites da linguagem em que era conduzido. Os padrões para a avaliação da verdade não residiam nem no céu nem nos confins da mente, mas na gramática da prática pública. Quando imaginavam estar examinando a natureza das coisas, os filósofos estavam apenas, afirmaram Wittgenstein e seus seguidores, retirando palavras de seu contexto. Os objetos de estudo apropriados eram, para Platão, entidades semidivinas e, para Kant, as estruturas da consciência. Agora, filósofos "analíticos" eram limitados a analisar os grunhidos e as sacudidelas físicas que os seres humanos usam para se comunicar. Por prazer, podiam perseguir e eliminar vestígios de pensamento metafísico e declarar problemas "dissolvidos". Por exemplo, o filósofo inglês Gilbert Ryle afirmou que a questão de onde localizar o eu consciente era um "erro de categoria" do tipo cometido por alguém que visita as faculdades de Oxford e pergunta onde fica a "universidade", ou contempla uma procissão de batalhões e regimentos e pergunta quando o "exército" vai desfilar.

Hoje os filósofos ocidentais estão imbuídos de todas essas mudanças, mas uma em particular arrebatou sua imaginação nos últimos anos: a promessa empirista de uma filosofia "científica". Bertrand Russell comparou certa vez os ramos do conhecimento humano com um arquivo, em que o material discutido pelos filósofos encontrava-se no compartimento rotulado "Não Sei". Depois que descobrimos o bastante sobre determinado assunto para abordar suas questões de maneira sistemática, os conteúdos são removidos para um novo compartimento com outro título, seja "Física", "Psicologia" ou "Economia". Essa é uma descrição razoável da história da filosofia, que resultou periodicamente em novas disciplinas, novas ciências. Ela explica também a ilusão de que a filosofia nunca conclui coisa alguma. Os filósofos nunca obtêm reconhecimento por seus sucessos, pois assim que fazem um progresso real sobre um problema, este é retirado de suas mãos e entregue a novos guardiões. Sir Isaac Newton escreveu os *Principia,* e Adam Smith escreveu *A riqueza das nações* como filósofos, mas hoje são lembrados como físico e economista, respectivamente. O pensador contemporâneo Noam Chomsky é descrito ao mesmo tempo como filósofo e fundador da lingüística, mas a primeira metade de seu título será um dia abandonada pelas enciclopédias.

Esse destino conduziu à proposição recente de que, como a filosofia parece ter sucesso ali onde dá origem a novas ciências, toda a disciplina deveria ser transformada numa ciência. Essa crença no "cientificismo" é como a do garotinho que pergunta ao pai por que, se os soldados do Special Air Service são tão implacáveis, os generais não transformam o exército inteiro num grande SAS. Nem o conhecimento nem os exércitos funcionam dessa maneira. Pedir que o pensamento seja conduzido sempre e unicamente de acordo com princípios científicos rigorosos significaria que alguns assuntos — aqueles sobre os quais menos sabemos — nunca seriam tratados e nenhuma nova disciplina se desenvolveria. O que está em questão, no entanto, é mais do que a melhor maneira de cultivar idéias, uma vez que isso pressupõe que o destino de todo método de investigação útil é se tornar científico. A diferença entre filosofia e ciência é muitas vezes mais uma questão de tempo que de assunto. Por vezes a filosofia termina em ciência. Muito ocasionalmente, ela resolve um problema sem gerar uma nova disciplina, e, por vezes, isso ocorre porque o problema foi dissolvido, e não resolvido. Os capítulos a seguir contêm uma mistura desses resultados.

Alguns pensadores contemporâneos consideram as asserções da física e da biologia uma invasão indesejável de seu território e zombam da "inveja da ciência" de seus colegas que permanecem junto às portas dos laboratórios, prontos para publicar rapidamente as repercussões filosóficas da mais recente descoberta. Há uma crença generalizada de que somente a filosofia, entre as artes e ciências, deve ser democrática. Enquanto poucos de nós possuímos teorias sobre a dinâmica dos fluidos ou temos a pretensão de escrever como Hemingway, é comum a crença de que qualquer um pode apreender conhecimentos filosóficos. Aliás, não se supõe apenas que qualquer um pode ser assim dotado, mas que qualquer um em qualquer tempo no passado desfrutou das mesmas vantagens. Supõe-se que o mundo, que mostra tão pouca justiça em relação a todas as outras coisas, é inerentemente justo e eqüitativo quando está em jogo o conhecimento e a compreensão das verdades mais profundas. Imagina-se que respostas podem ser colhidas por qualquer um, como maçãs. Isso já se provou ilusório. Algumas verdades encontram-se a fácil alcance, nos ramos mais baixos, mas outras provaram-se inatingíveis sem a invenção das escadas. Embora seja cruel imaginar os filósofos de gerações passadas — que muitas vezes foram grandes gênios — trabalhando suas vidas inteiras sem esperança de algum dia topar com a verdade, foi exatamente isso que muitos deles fizeram. Talvez esses pensadores produzissem teorias defeituosas e raciocínios inconclusivos porque não pensavam com suficiente rigor ou cuidado. Mas o problema é mais simples: eles não possuíam o equipamento certo para encontrar o que buscavam, porque este simplesmente não existia.

Esse equipamento assume muitas formas: um gênero especial de raciocínio ou um instrumento lógico, um auxiliar mecânico como um scanner cerebral ou uma fotografia da Terra tirada do espaço. Por melhor que seja nossa visão, nunca iríamos compreender as estrelas ou entender que aqueles pontinhos de luz no céu noturno eram o que hoje sabemos ser estrelas apertando os olhos para melhor enxergá-los. O telescópio, por outro lado, permitiu até aos que têm vista relativamente ruim contemplar os planetas. Não há dúvida de que muitos problemas são insolúveis hoje porque não dispomos do equipamento que talvez se torne disponível para nossos descendentes. O que importa na descoberta da verdade não é tanto ciência, mas tecnologia de uma forma ou de outra. Parte da razão dos fracassos passados da filosofia é a mesma do fracasso das primeiras máquinas voadoras e dos primeiros esforços para curar doenças: os meios não existiam. Embora a filosofia pareça flutuar livre de questões de fatos empíricos, grande parte dela depende deles, e nem todas as soluções são igualmente acessíveis para todos os povos em todos os momentos, muito menos para todos os indivíduos. Isso deveria ser uma causa de alívio, pois demonstra que nossas indagações dizem respeito a verdades que independem da mente, em contraposição a uma contemplação de nossos próprios umbigos.

A esperança para uma filosofia "democrática" provém também do antigo ideal grego da Verdade como matemática em sua forma. As verdades da filosofia deviam imitar as verdades dos números, sendo deriváveis a partir de princípios básicos. Isso era natural para o que seriam supostamente verdades necessárias. Mas parece que as verdades filosóficas, até onde podemos falar a seu respeito, podem ser acidentais, escritas nas areias e não nas estrelas. Por esse parâmetro, a história da filosofia sempre foi um registro de decepção. À medida que a disciplina gera novas ciências, essas crias se mostram mais à vontade que a mãe com a arbitrariedade das leis que governam suas descobertas. Cada uma deixa uma lacuna num útero que não se fecha com o nascimento da criança.

Embora uma nova ciência possa resolver os problemas que a precederam quando filósofos faziam todo o trabalho, sempre pareceu haver alguma coisa faltando, como se a solução não fosse bem o que se pretendia, ou não servisse exatamente para o problema em questão. Estudar os resultados pode ser como perceber o truque de um mágico. "Você escondeu a carta na manga — isso não é mágica *de verdade*!" Uma área da filosofia que foi particularmente arruinada por esse pensamento é a que trata do que constitui ação moral. O filósofo inglês G.E. Moore foi levado a considerar a moralidade uma propriedade não passível de análise pelo que chamou de "Falácia Naturalista". Ele observou que tão logo identificamos um motivo para determinado ato — mesmo um ato supostamente ético —, ele deixa de ser moral. "Você a ajudou por prazer (ou caridade, ou dever, ou seja o que for) — a moralidade nada tem a ver com isso!" Se essas são nossas expectativas, não surpreende que sejam frustradas.

Procuramos respostas filosóficas para problemas filosóficos, mas essas respostas podem não ser condizentes com o tom da questão se o objetivo for eliminar um mistério. O sentido de drama que acompanha a perplexidade geralmente se evapora com a resolução. Isso repele indivíduos atraídos pela filosofia como uma forma de escapismo mais adulta que histórias de fantasmas, duendes e óvnis. Teriam as pirâmides sido construídas por extraterrestres? Não, mas computadores poderiam ser capazes de pensar. Para alguns, as obras de filósofos como Hilary Putnam, Richard Rorty e Daniel Dennet são uma progressão natural a partir de *Eram os deuses astronautas?*, de Erik von Daniken. Os que chegam à filosofia por via de uma desilusão com a religião podem ver-se ainda mais decepcionados. Mas caso se queixem de que as soluções fornecidas por seu novo campo carecem da segurança das antigas — como, por exemplo, que sem Deus não há, em última análise, nenhum sentido na moralidade —, temos o direito de perguntar como exatamente se supõe que temos moralidade *com* Deus.

Outra rota comum de abordagem à disciplina, partilhada por Wittgenstein e Gottfried Leibniz, entre outros, foram os estudos matemáticos. Esse background pode preparar-nos melhor para aceitar as recompensas peculiares da pesquisa filosófica e partilhar a atitude expressa pelo físico Richard Feynman:

> Tenho um amigo que é artista, e às vezes ele adota um ponto de vista com que não estou muito de acordo. Ele segura uma flor e diz: "Veja como é bela", e eu concordo. Então ele diz: "Sabe, eu como artista posso ver como ela é bela, mas você, como cientista, desmembra todas as coisas, e elas se tornam algo sem encanto." Ao meu ver ele é meio biruta. Para começar, a beleza que ele vê está disponível para outras pessoas e para mim também, acredito, ainda que eu possa não ser tão refinado esteticamente como ele. Posso apreciar a beleza de uma flor, e ao mesmo tempo vejo muito mais na flor que ele. Posso imaginar as células nela, as ações complexas em que também há beleza. Não há beleza apenas nessa dimensão de um centímetro: há beleza também numa dimensão menor, na estrutura interna... também nos

processos. O fato de que as cores na flor evoluíram de modo a atrair insetos para polinizá-la é interessante — significa que insetos podem ver a cor. Isso acrescenta uma questão — esse senso estético existe também nas formas inferiores? Ou por que ele é estético? Há todo tipo de questões interessantes que um conhecimento de ciência só acrescenta ao enlevo, ao mistério e ao deslumbramento de uma flor.[1]

Os que não partilham da atitude de Feynman são nostálgicos não do poder explanatório de respostas religiosas desacreditadas (pois muitas vezes elas não tinham esse poder), mas de uma suposta experiência mística que seria capaz de reduzi-los ao silêncio. Ao atrair o público, o problema real da filosofia contemporânea não é uma inveja da ciência, mas uma fome de magia.

PARTE I

QUEM SOU?

1

O PROBLEMA DO EU

"De minha parte, quando entro mais intimamente no que chamo de mim mesmo, sempre tropeço em alguma percepção particular do outro, de calor ou frio, luz ou sombra, amor ou ódio, dor ou prazer. Nunca consigo apreender a mim mesmo em momento algum sem uma percepção, e nunca consigo observar coisa alguma a não ser a percepção."

David Hume

"O corpo humano é a melhor imagem da alma humana."

Ludwig Wittgenstein

"Entramos no cérebro através do olho, seguimos pelo nervo óptico, circulamos pelo córtex, olhando atrás de cada neurônio, e então, quando menos esperamos, emergimos à luz do dia na faísca de um impulso nervoso motor, coçando a cabeça e nos perguntando onde está o eu."

Daniel Dennett

APÓS SUA MORTE EM 1683, Roger Williams, fundador da colônia de Rhode Island, foi enterrado sob uma jovem macieira em seu jardim, e ali ficou até um dia em 1936, quando o governo local decidiu exumar seus restos e pôlos num monumento para assinalar o tricentenário do estado. Quando o caixão foi aberto, porém, o que os coveiros encontraram não foi o corpo de Williams. Em algum momento nos 253 anos precedentes, uma raiz da macieira havia penetrado no ataúde e absorvido lentamente os nutrientes dos ossos, deixando apenas fragmentos. No processo, a raiz crescera assumindo a forma exata do esqueleto — entrando pelo crânio, avançando espinha abaixo e dividindo-se para formar duas pernas. Gerações de estudantes haviam comido maçãs da árvore, e dizia-se que, com isso, haviam adquirido um espírito tão independente quanto o de Williams.

Essa história chama a atenção para o problema que o Deus cristão enfrentaria se decidisse, no Juízo Final, juntar novamente a matéria que compunha o corpo de cada fiel. Se Ele fosse usar os átomos originais, surgiriam disputas de propriedade sempre que a mesma matéria tivesse sido parte de corpos de diferentes indivíduos em momentos distintos. Poderíamos supor que canibais perderiam para os cristãos que tivessem consumido, mas Deus certamente enfrentaria uma decisão mais difícil ao considerar as reivindicações dos inocentes estudantes de Rhode Island depois que os restos de Roger Williams entraram na cadeia alimentar. Talvez Deus pudesse contornar o problema criando um substituto para a matéria disputada, de modo que houvesse o suficiente para satisfazer as necessidades. Mas nesse caso haveria uma questão de quanta massa corrida cósmica Ele poderia usar sem transformar alguém em uma pessoa diferente. Não haveria nenhum sentido em punir ou recompensar alguém que fosse apenas um simulacro do perpetrador.

Não precisamos esperar pelo Juízo Final para que essa questão surja, pois a matéria de que nossos corpos são compostos é quase completamente substituída entre o nascimento e a morte. Se o corpo deve ser a sede da alma, deveríamos estar cientes de que as únicas partes dele que permanecem conosco ao longo de nossas vidas inteiras são os óvulos das mulheres e as lentes dos nossos olhos. Embora se possa considerar que os olhos são as janelas da alma, seria de esperar que a alma fosse mais que alguns milímetros cúbicos de gelatina transparente. Quanto aos óvulos, ficaríamos dando tratos à bola para decidir onde as almas dos homens poderiam residir. No entanto, apesar de nossa composição física constantemente cambiante, quase todos nós sentimos que somos a mesma pessoa que a criança no álbum de fotografias de nossos pais e temos certeza de que conservaremos essa identidade como os cidadãos idosos em que finalmente nos transformaremos. Tampouco temos de esperar por Deus para dar uma dimensão moral ao problema da identidade pessoal. Decidir se o velho é a mesma pessoa que foi quando mais jovem é uma questão relacionada ao grau de culpa e orgulho que sentimos de nossa juventude, e determina como devemos pensar sobre nossas lembranças. Afeta também o modo como devemos nos comportar em relação às pessoas que nos tornaremos — se parar de fumar é uma questão de interesse pessoal a longo prazo ou de altruísmo em relação a um outro eu muito diferente. O mais importante, talvez, é que nossa resposta ao problema da identidade pessoal determina se qualquer um de nós tem algum futuro, seja após a morte ou mesmo antes dela.

Em 1785, o filósofo escocês Thomas Reid escreveu: "Seja lá o que este eu possa ser, é alguma coisa que pensa, delibera, resolve, age e sofre. Eu não sou pensamento, não sou ação, não sou sentimento; sou alguma coisa que pensa, age e sofre."[1] Essa afirmação significava que tudo que faz parte de nossa experiência — tudo no mundo que poderíamos chegar a conhecer ou descobrir — não teria o direito de reivindicar o título de "eu". Em conseqüência, supôs-se que o eu seria um tipo de entidade extramundana, um ego, uma alma ou algum objeto unitário que, se pudéssemos apenas rastrear, responderia à questão da identidade pessoal. "Onde o ego vai, eu vou." Como observou David Hume, compatriota de Reid, não podemos observar o ego mediante introspecção. Deparamos apenas com nossas percepções e emoções, nunca com o dono dessas qualidades. Filósofos tentaram superar esse ponto cego olhando de lado a própria jornada ao longo da vida. Poderíamos discernir melhor o que o eu é no presente, pensou-se, examinando o que persiste de um ano para outro através de várias mudanças físicas e psicológicas. Assim, grande parte do trabalho dos filósofos sobre o assunto foi uma espécie de "mineração pela intuição", em que imaginamos mudanças em nossa constituição mental e física e perguntamos se *sentiríamos* que a identidade pessoal havia sido preservada. Em geral não se confere um papel tão importante à intuição na filosofia, mas quando se trata da identidade pessoal só podemos nos fiar em nossa própria palavra, já que nada semelhante a um eu bem definido parece figurar no inventário da Natureza ao lado de corpos, cérebros e personalidades.

É tentador olhar além da Natureza em busca de algo externo à nossa existência mundana, mas isso não pode resolver o problema da identidade pessoal. Se houvesse uma alma — um ego transcendente que possuísse nossas experiências —, nunca poderíamos saber se ela permaneceria no mesmo lugar ou estaria vagando, se viveria ou morreria. Tudo de que podemos ter conhecimento são experiências, e esse ego — sendo o suposto recipiente de nossas experiências — jamais poderia aparecer como uma delas. Como nossas memórias estão entre nossas experiências, seriam deixadas para trás por um ego que partisse. Assim, nosso ego poderia ter estado ligado a um conjunto diferente de experiências ontem, ou vir a se ligar a corpo diferente amanhã, e não teríamos nenhum conhecimento disso. Duas pessoas poderiam estar até trocando de egos com vezes por segundo sem jamais se dar conta. Não teriam nenhuma maneira de perceber, porque uma mudança de egos é uma mudança de algo fora de suas experiências. Para os que têm inclinação mística, um mundo de egos à solta, todos desprovidos de traços e indistinguíveis entre si, poderia indicar um monismo em que todos nós somos parte de uma única grande alma universal. No entanto, é preciso perguntar o que exatamente constitui "nós" aqui, já que não inclui nossas lembranças, personalidades, corpos, cérebros ou emoções — essas características mundanas continuam tão separadas entre si como sempre, cada uma abrigada numa pessoa. Qualquer ego universal pareceria ser uma unicidade de coisa alguma. Quanto mais desejamos ganhar imortalidade despojando-nos de aparências exteriores mundanas como corporeidade, lembranças e assim por diante, mais nos reduzimos a absolutamente nada — e, para citar o autor de livros infantis norte-americano Norton Juster, não fazer nada dificilmente vale a pena.

Segundo uma lenda da Grécia Antiga, depois que o herói Teseu matou o Minotauro em Creta, seu barco passou a ser levado numa viagem anual de agradecimento à ilha de Delos. Ao longo dos anos, as vigas da embarcação apodreceram uma a uma e foram gradualmente substituídas, até que por fim nada sobrou do madeiramento original. O barco ainda parecia aquele que Teseu comandara, mas poderíamos questionar se era agora *exatamente o mesmo*. Como há continuidade de um estágio da vida do barco para o seguinte, poderíamos chegar à conclusão de que o modelo posterior é realmente o mesmo barco que zarpou originalmente para Creta. Mas suponhamos agora que as pranchas jogadas fora tivessem sido recolhidas e usadas para construir um novo barco segundo o projeto original. Haveria agora dois rivais a reivindicar a identidade do barco de Teseu, e o enigma é que nos sentimos incapazes de dar um veredicto, mesmo que aparentemente saibamos tudo sobre os dois candidatos. Como conhecemos todos os fatos relevantes sobre o caso, nossa ignorância deve estar ligada aos conceitos que estamos aplicando a ele. Parece haver algo de incoerente na noção de que a identidade é algo de especial, um fato adicional além das propriedades comuns dos objetos. O machado de George Washington está supostamente em exibição num museu em algum lugar dos Estados Unidos. É apresentado como o verdadeiro machado que abateu a famosa cerejeira, embora as informações para os visitantes mencionem que tanto o cabo quanto a lâmina já foram substituídos. Na ausência de uma correlação diferente chamada "identidade", qualquer rotulação parece arbitrária. Contudo, quando se trata de nós mesmos, relutamos em aceitar que a identidade possa ser mera questão de rótulo. Ficamos nos perguntando se nossa real identidade pertence ao eu que habitamos agora ou se ela é mais verdadeiramente representada pelo navio fantasma encanecido, rangente, de nosso eu mais jovem.

O trabalho de guardar as vigas descartadas de nossas vidas é realizado em nossas memórias. Em sua obra de 1690, *Ensaio sobre o entendimento humano*, o filósofo inglês John Locke propôs que o cerne essencial de cada ser humano é sua consciência, sua percepção de si mesmo. Locke estava ciente do quanto parecia estranho que algo tão nebuloso — em contraposição a um corpo físico ou mesmo a uma alma etérea — pudesse persistir através do tempo, já que praticamente não seria uma "coisa" em absoluto. Afirmou que a percepção de si mesmo não era apenas uma consciência do presente, mas também do passado, dada a nós pela memória. Ser a mesma pessoa que nosso eu mais jovem significava então ser capaz de se lembrar de ter sido aquela criança, e a seqüência de lembranças proporcionaria um fio psicológico que percorreria toda a nossa vida.

A memória é imperfeita, e eu posso sofrer lapsos ou brancos em meu registro mental sem ser por isso uma pessoa diferente em qualquer momento. A amnésia não é equivalente à morte, gostamos de pensar. Mas talvez seja muito próxima dela. Talvez tenhamos passado a noite acordados com a idéia de que pela manhã não nos lembraríamos de nenhum de nossos últimos pensamentos nem do fato de que essa perspectiva nos preocupava. Os estágios avançados do mal de Alzheimer debilitam a memória tão severamente que uma pessoa pode esquecer não só onde pôs as chaves como também para que elas servem. Há relatos de pacientes que atacam os cônjuges que não reconhecem, acreditando serem invasores em sua casa. Quando alguém se esqueceu de todos os seus amigos e parentes, de seu passado e até de seu nome, pode parecer que se tornou realmente outra pessoa — se é que ainda pode ser chamado de pessoa. O mal de Alzheimer é um forte argumento contra a vida após a morte, porque se podemos morrer quando ainda estamos vivos, certamente podemos morrer quando estamos mortos.

Ao buscar um eu, procuramos alguma coisa acima e além de nossos atributos, mas em geral não pensamos dessa maneira sobre objetos comuns. Por exemplo, acredito que minha poltrona favorita persiste ao longo do tempo, sem imaginar que há uma alma-de-cadeira ou um ego-de-cadeira que possui seus traços. Ela tem características como ter o assento a 90 centímetros de altura, ser estofada com espuma e forrada com um pano verde, mas não há nenhuma cadeira acima e além dessas características. Se desviarmos os olhos da espuma, do assento, do pano e assim por diante, não ficaremos com uma cadeira nua, como se os objetos fossem cabides fantasmais em que traços estão pendurados. No entanto, é precisamente isso que muitas vezes imaginamos ser verdade no caso de pessoas. O abandono dessa ilusão traça uma nítida diferença entre nossa situação e aquela da época de Thomas Reid. Quando se presumia a existência de uma alma imaterial e raramente havia alguma dúvida quanto à existência de um eu unitário, as características pessoais eram as pegadas da alma — indicadores da identidade pessoal, sinais que apontavam para o eu. Hoje, por outro lado, considera-se que nossos traços *são* nosso eu,

O PROBLEMA DO EU

pois a ciência não reconhece nenhum outro lugar onde seria possível encontrá-lo. A questão agora é que traços particulares são os mais significativos — e se eles podem nos dar o que estamos procurando.

O falecido filósofo inglês sir Bernard Williams afirmou que nos identificamos mais estreitamente com nossos corpos que com nossas mentes. Tive a sorte de estar com Williams antes de sua morte em junho de 2003, aos 73 anos, após uma longa luta contra o câncer. Ele discorreu sobre a gama das questões filosóficas de uma forma que fez dele o arquétipo do pensador moderno. Erudito e franco, Williams moveu-se dentro da corrente dominante de sua disciplina e a alterou de maneira significativa em vários momentos críticos sem subverter a ordem intelectual. Ele nasceu em Westcliff, Essex, e foi introduzido à filosofia quando estudava no Balliol College, em Oxford. Dominou a disciplina tão rapidamente que alguns de seus colegas de graduação deixavam de comparecer às aulas para assistir a lições que ele dava na sala de monitoria. Depois de terminar os estudos, Williams passou o que considerou os anos mais felizes de sua vida cumprindo o serviço militar como piloto de Spitfire no Canadá. Foi levado ao trabalho político por sua primeira mulher, Shirley Williams, membro do Parlamento, e por seus trabalhos em filosofia moral foi designado para comissões governamentais sobre jogos de azar, drogas e pornografia.

Para pôr à prova nossas intuições sobre o eu, Williams concebe um cenário imaginário em que estamos à mercê de um cientista louco que tem um programa de tortura física marcado para o dia seguinte.[2] Pergunta se nosso medo seria menor caso o cientista prometesse limpar nossa memória antes de começar a trabalhar com os alicates em brasa. Num momento de generosidade, ele se oferece para trocar nossas velhas lembranças pelas de uma pessoa completamente diferente — digamos, Napoleão. Se é na memória que reside a individualidade, não temos nada a temer do novo dia, pois seria "Napoleão" que sofreria, não nós. No entanto, a maioria de nós encontraria pouco consolo na concessão do cientista. De fato, pode parecer ainda pior sofrer a dupla indignidade da tortura *e* da amnésia, mesmo que a determinação férrea e a paciência do grande comandante viessem a calhar durante o suplício. Eu também não sentiria nenhum alívio se meu algoz se dispusesse a pegar uma segunda vítima e substituir suas lembranças e o resto de sua personalidade pelos meus. Se eu tivesse de decidir, em bases puramente egoístas, quem deveria ser torturado e quem deveria receber dez mil libras e ser posto em liberdade, não teria nenhuma dúvida em escolher dar o dinheiro para "Napoleão".

No entanto, alguns futuristas não só afirmam preferir o contrário como imaginam de fato que pagariam um bom dinheiro por essa transferência de memória. Em *The Age of Spiritual Machines*, Ray Kurzweil conjectura que um dia seremos capazes de fazer um upload de nossas consciências para computadores, e viver em mundos virtuais melhores, talvez, ou viver para sempre. Isso envolverá um aperfeiçoamento do "hardware" em que o "software" de nossa mente roda. "Hoje", escreve Kurzweil, "nosso software não pode crescer. Está preso num cérebro de meros cem trilhões de conexões e sinapses. Mas quando o hardware for trilhões de vezes mais capaz, não haverá razão para que nossas mentes permaneçam tão pequenas. Elas poderão crescer e o farão." À medida que cérebros artificiais melhores, mais velozes e mais vastos chegarem ao mercado, os frágeis, limitados e desarrumados neurônios dos cérebros biológicos com que crescemos parecerão ultrapassados. Um número cada vez maior de nós fará a mudança para os circuitos elétricos, e nossa imortalidade passará a ser então uma "questão de ter cuidado suficiente para fazer backups freqüentes. Se formos negligentes em relação a isso, teremos que carregar um backup antigo e estaremos condenados a repetir nosso passado recente."[3]

Poderíamos imaginar um aventureiro conectando o cérebro a um computador, a exterioridade de seu corpo desintegrando-se numa pilha e finalmente seu rosto aparecendo no monitor. Não é isso, contudo, o que aconteceria. Nada saltaria do cérebro para a máquina. Ocorreria unicamente uma cópia, assim como, quando você baixa um arquivo da internet, o arquivo original não é sugado do servidor e realocado em seu computador. Não há nenhuma razão para que o processo não o deixe como você é — consciente e no mesmo velho corpo — ao mesmo tempo em que se cria um confuso *doppelgänger* de silício. E se a versão original de "você" *não* for deixada intacta, ao que tudo indica o processo de upload é fatal. A mesma

O problema do eu

falha está presente nas famosas máquinas "transportadoras" de *Jornada nas estrelas*, que supostamente desagregam um viajante átomo por átomo e o criam de novo num lugar diferente. O capitão Kirk comete uma requintada forma de suicídio cada vez que Scotty o fulmina. Só somos capazes de pensar diferentemente desconsiderando noções comuns de identidade.

O filósofo sueco Nick Bostrom está extremamente ansioso para nos livrar dessas idéias. Dedica seu tempo de trabalho a explorar o que descreveu para mim por telefone como nosso futuro "trans-humano", perguntando como será a vida quando a tecnologia tiver transformado nossos corpos e mentes. Ele insistiu que, uma vez demonstrado que a tecnologia funcionaria de maneira confiável, ele ficaria feliz em fazer seu upload para um computador ao mesmo tempo em que sua forma física original fosse destruída, se isso significasse poder gozar de uma vida melhor como um upload. E, quanto a um processo que deixasse seu corpo original intacto:

> Nossa expectativa acerca do que acontecerá é um estado psicológico que não evoluiu para enfrentar casos desse tipo. Em um outro nível não temos absolutamente nenhuma incerteza — porquanto sabemos que haverá uma cópia e que depois haverá exatamente dois candidatos, um no computador e um no mundo físico.
>
> Penso que a menor distorção entre os dois níveis é causada pelo mapeamento dos resultados em probabilidades. Suponhamos, por exemplo, que sabemos que amanhã seremos bifurcados em dois eus com igual direito a reivindicar identidade com meu eu atual, e que um desses eus será horrivelmente torturado. Penso que eu sentiria o mesmo que se não fosse haver nenhuma bifurcação mas eu tivesse uma chance de 50% de sofrer essa tortura amanhã.

Perguntamo-nos se a distância seria um problema nas transferências de identidade que Bostrom tem em mente, pois há também a questão de como distinguir entre cópia intencional e não intencional. Imaginemos, por exemplo, que somos atomizados num acidente industrial ao mesmo tempo em que, numa outra galáxia, um grupo de cientistas extraterrestres cria de maneira não intencional uma configuração de computador que corresponde a nossos padrões cerebrais, exatamente como aquele que cientistas na Terra poderiam ter criado de maneira deliberada. Presumivelmente, não esperaríamos acordar na galáxia de Andrômeda nesse instante. Bostrom tampouco o esperaria. Para ele, a diferença importante é que não há nenhuma conexão causal entre seu eu original e a criação dos extraterrestres. Como ele me escreveu: "A cópia acidental não será de nenhuma maneira afetada pelo que faço, portanto haverá pouco sentido em ajustar minhas atitudes e sentimentos para levar sua existência em conta." Essa é aparentemente uma maneira estranha de falar sobre identidade, porque é o destino de um eu particular que está em questão, não os sentimentos ou expectativas de alguém. Talvez o indivíduo original possa, depois que seu corpo tenha sido destruído, influenciar o que acontece com uma cópia deliberada, ao passo que não o pode fazer com uma criada por acidente, mas isso não tem nenhuma relação com o que é cada cópia intrinsecamente. A história de cada uma é sem dúvida muito diferente, mas queremos que a identidade seja mais que apenas uma história. No entanto, uma história é tudo que teremos depois que se revelar que a identidade é uma questão de narrativas e de relações, não de objetos e traços.

Esses experimentos mentais mostram que embora memória, personalidade, emoções e outros traços psicológicos possam ser indicativos da identidade pessoal, não são constitutivos dela. Antes da intervenção de Bernard Williams, poderíamos não saber ao certo se alterações psicológicas fariam de nós uma pessoa verdadeiramente diferente ou a mesma pessoa com características diferentes. Mas a perspectiva de tortura física aguça a mente. Na hora H, quando os alicates estão quentes, pensamos em nós mesmos como corpos, ou pelo menos como cérebros. O cérebro, e não o corpo como um todo, é hoje o último refúgio do eu. Se um dia transplantes de cérebro forem aperfeiçoados, meu corpo, como meu carro atual, poderá pertencer a outrem. Mas não há nenhuma chance de que *meu cérebro* possa pertencer a outra pessoa. Eu poderia dar a uma pessoa meu rim, meu coração ou meus pulmões, mas não poderia lhe dar meu cérebro sem a transformar em mim, ainda que com um corpo diferente.

O cérebro, no entanto, pode ser mudado — suas vias alteradas, suas células danificadas —, sem que percamos nossa identidade. Os cérebros têm dois hemisférios, e a remoção de um deles é o procedimento cirúrgico correto para o tratamento de algumas formas de tumor cerebral. As pessoas podem sobreviver a esse processo com sua identidade intacta, embora possam vir a apresentar deficiências, como a perda da fala. Muitos pacientes recuperam-se bem à medida que o hemisfério cerebral que lhes resta reaprende as habilidades perdidas. Se eu algum dia sofrer uma cirurgia radical como essa, ou "eu" sobreviverei, ou "eu" não sobreviverei. Não parece possível que eu sobreviva apenas parcialmente, já que, se alguma parte sobreviver, a operação terá sido um sucesso no que me diz respeito. Se 1% de meu cérebro fosse removido, eu esperaria obviamente despertar e continuar sendo eu mesmo. Se 100% fossem destruídos e substituídos, eu certamente não esperaria isso e me sentiria condenado. Se a proporção fosse 50%, eu me sentiria inseguro e atemorizado, e rezaria para despertar com o couro cabeludo dolorido e uma cabeça mais leve. Mas não é como se houvesse um "mim mesmo", um eu, pairando por aí no ar para habitar ou não habitar uma dessas possibilidades. Quem quer que esteja deitado ali na mesa de operação vai despertar, e será quem quer que seja. Não haveria nenhuma diferença entre o paciente despertar e ser "eu" ou despertar e ser outra pessoa. Tudo que há para saber diz respeito à proporção de tecido envolvida e aos resultados, tal como relatados pelo paciente posteriormente. Excluindo o sobrenatural, simplesmente não há fatos extras que ainda estejam por ser descobertos. Poderia haver um nível crítico de substituição que resolvesse a questão, mas não podemos presumir isso, assim como não podemos presumir que há um grão de areia crucial que transforma uma pilha num monte, ou que há um folículo capilar final que, uma vez desaparecido, faz de um homem de cabelo "ralo" um "calvo".

Tentemos imaginar agora o que aconteceria se meu outro hemisfério cerebral fosse salvo e transplantado para um novo corpo. Como os dois hemisférios são considerados idênticos, em que corpo eu despertaria? Não posso despertar em ambos os corpos, pois não posso ser duas pessoas ao mesmo tempo. Parece não haver nenhuma razão para que eu desperte no corpo A e não no corpo B, ou vice-versa, o que leva à suspeita de que não podemos realmente esperar despertar em nenhum dos dois corpos. O problema é que ficamos carentes de fatos. Depois que tivermos descrições completas do paciente inicial e dos dois sobreviventes, saberemos tudo sobre o caso. Saberemos para onde as partes do cérebro foram e saberemos para onde os corpos foram. Mas não restam quaisquer fatos adicionais que possamos examinar para resolver a questão de se o corpo A será "eu". Ao procurar por "mim mesmo" só poderemos procurar meus componentes e atributos, e, se saber tudo que há para saber sobre esses fatores não puder resolver nossa questão, essa é uma questão vazia.

A dissolução do paradoxo não é consoladora quando se trata de nossas próprias vidas. Estamos dispostos a concluir que divisão é o mesmo que morte. Mas, se aceitarmos isso, teremos de rever nossas expectativas no caso anterior, em que apenas um hemisfério cerebral sobrevive. Também isso deve contar como morte, porque a relação entre o que desperta e o que adormeceu não pode ser afetada por uma terceira parte, nem mesmo um hemisfério cerebral extra que sobreviva. Seja o que for que sobreviva à operação que destrói metade de meu cérebro, portanto, não será eu (por mais que a pessoa que desperte, seja ela quem for, afirme ser eu). No entanto, pergunta o filósofo britânico Derek Parfit, "como posso não sobreviver se a outra metade do meu cérebro também tiver sido transplantada com sucesso? Como pode um duplo sucesso ser um fracasso?"[4] Pensar dessa maneira, afirma ele, é cometer novamente o erro de supor que há algo importante que não conhecemos — algum fator adicional na natureza do eu semelhante a uma alma que poderia preservar nossa identidade. Rejeitando essa suposição, Parfit sustenta que ver divisão como morte é arbitrário, assim como minha sobrevivência ou não sobrevivência à operação não são duas possibilidades genuinamente diferentes, podendo ser ambas verdadeiras. Sobrevivência e morte aqui são "meramente duas descrições do mesmo resultado".[5] Ele sugere que consideremos a divisão como uma droga que duplica nosso tempo de vida — com a diferença de que os anos extras transcorrerão simultaneamente.

É preciso lembrar que a operação é de fato realizada em todos nós várias vezes no curso de nossas vidas — durante a infância, quando o tecido neural está sendo formado, bem como mais tarde, quando ele se degenera. De certo modo, é como se deixássemos de existir muito antes de nossas mortes. Se houvesse uma unidade como uma alma no nosso âmago, poderíamos imaginá-la enfiando-se dentro do hemisfério esquerdo do cérebro quando o hemisfério direito é removido, como se pulasse de prancha em prancha à medida que sucessivas vigas do barco de Teseu são substituídas. Mas não há nenhum indício de que coisas assim aconteçam na natureza. O debate sobre a identidade pessoal mostra exatamente o que acontece quando prescindimos da alma. Para Parfit, as conseqüências são libertadoras. Ele escreve que, quando concebia sua existência como um fato distinto de sua continuidade física e psicológica, tinha a impressão de estar "aprisionado" em si mesmo. "Minha vida parecia um túnel de espelhos, através do qual eu estivesse me movendo mais depressa a cada ano, e no fim do qual houvesse escuridão."[6] No entanto:

> Quando mudei minha concepção, as paredes de meu túnel de espelhos desapareceram. Agora vivo ao ar livre. Ainda há uma diferença entre minha vida e as vidas das outras pessoas. Mas a diferença é menor. As outras pessoas estão mais próximas. Estou menos preocupado com o resto de minha própria vida e mais preocupado com as vidas dos outros.[7]

Outra resposta poderia ser insistir em como o status efêmero da existência humana foi acentuado. Os seres humanos não estão somente nascendo e morrendo continuamente, eles o fazem até em incontáveis ocasiões durante uma única vida. Somos, ao que parece, uma centelha dentro de uma centelha

2

LIVRE-ARBÍTRIO E DESTINO

"Uma crença estrita no destino é o pior tipo de escravidão; por outro lado, há consolo na idéia de que Deus se comoverá com nossas preces."

Epicuro

"Queremos que nossas crenças sejam causadas pelos fatos relevantes no mundo — pois isso nos dará conhecimento e nos ajudará a agir com eficácia —, no entanto não nos mostramos tão desejosos de que nossas ações sejam causadas por esses fatos, mesmo quando o preço é o fracasso na consecução de nossas metas."

Robert Nozick

EM 1924, DOIS ADOLESCENTES foram julgados em Cook County, Illinois, pelo assassinato de um menino de 14 anos, Bobby Franks. Foi o caso que inspirou os filmes *Festim diabólico*, de Hitchcock, e *Estranha compulsão*, com Orson Welles (dirigido por Richard Fleischer). Franks conhecia seus assassinos — ambos estudantes brilhantes de famílias ricas de Chicago. Richard Loeb, de 18 anos, era filho de um vice-presidente aposentado da Sears and Roebuck e fora a pessoa mais jovem a concluir o bacharelado na Universidade de Michigan, enquanto seu amante de 19 anos, Nathan Leopold Jr., era filho de um magnata das embalagens e já se destacava como uma das mais eminentes autoridades em ornitologia dos Estados Unidos. Leopold havia sido atraído pela obra do filósofo alemão do século XIX Friedrich Nietzsche, em particular por sua idéia de que os homens excepcionais estavam acima das normas morais a que a maioria está sujeita. Leopold considerava Loeb um exemplo do *Übermensch*, ou "Super-homem", de Nietzsche, e dispôs-se a ajudá-lo a cometer o crime "perfeito" com o objetivo de demonstrar seu desprezo pela sociedade. A dupla seqüestrou o primo distante de Loeb, Bobby Franks, quando ele voltava da escola para casa numa tarde de maio, convidando-o a entrar no carro que haviam alugado para a ocasião, atacando-o com um formão e finalmente sufocando-o. Depois de desfigurar o corpo e escondê-lo numa vala de esgoto, enviaram um bilhete para a família de Franks exigindo um resgate de dez mil dólares em notas sem marcas. O corpo de Bobby Franks foi descoberto e identificado, porém, antes que o dinheiro fosse entregue. Os investigadores encontraram um par de óculos incomum na cena e, pela receita, chegaram a Nathan Leopold.

No julgamento, o célebre advogado Clarence Darrow fez um inusitado pedido de clemência em favor de seus clientes, que haviam ambos se confessado culpados:

Acreditar que um menino é responsável por si mesmo ou por sua formação inicial é um absurdo... Se sua deficiência veio de sua hereditariedade, não sei onde ou como. Nenhum de nós é criado perfeito e puro; e a cor de nosso cabelo, a cor de nossos olhos, nossa estatura, o peso e a excelência de nosso cérebro, tudo em nós poderia, se tivéssemos pleno conhecimento, ter sua origem traçada com absoluta certeza. Se tivéssemos um pedigree, poderíamos traçar essa linha para um menino tal como para um cão... Se não veio por esse caminho, então... se ele tivesse sido compreendido, se tivesse sido educado como deveria, isso não teria acontecido. Se há responsabilidade em algum lugar, ela está antes dele; em algum lugar no número infinito de seus ancestrais, ou em seu ambiente, ou em ambos. E eu sugiro, Meritíssimo, que sob todos os princípios do... direito, e da lei, ele não deva ser responsabilizado pelos atos de outrem... Deve Dickey Loeb ser culpado em razão das forças infinitas que conspiraram para formá-lo, as forças infinitas que estavam em ação para produzi-lo eras antes que ele nascesse, por ter ele, em razão dessas combinações infinitas, nascido sem isso? Se deve, então deveria haver uma nova definição de justiça. Deve ele ser culpado pelo que não tinha e nunca teve? Deve ser culpado por sua máquina ser imperfeita? Quem é o culpado?

Não sei. Nunca em minha vida me interessei em atribuir culpa tanto como em absolver pessoas. Não sou sábio o bastante para decidir isso. Sei que em algum lugar no passado algo falho se incorporou a ele. Podem ser nervos defeituosos. Pode ser um coração ou um fígado defeituoso. Podem ser glândulas endócrinas defeituosas. Sei que é alguma coisa. Sei que nada acontece neste mundo sem uma causa.[1]

Quando atribuímos culpa, supomos que o acusado cometeu o crime por seu livre-arbítrio, ao passo que aqueles cujas ações não estavam sob seu controle no momento podem esperar ser desculpados. Insanidade temporária e coerção são defesas respeitáveis nos tribunais, mas, como Darrow mostrou, há um sentido em que, em última análise, ninguém tem jamais suas ações sob controle. As ações são como quaisquer outros eventos físicos, têm sempre uma causa. Podemos conectar a rota causal do assassinato com a intenção de Loeb, e essa intenção com seu caráter. Mas seu caráter também tem uma história, um conjunto de causas que fez dele o que era. Podemos recuar até iluminar causas que estão fora do controle do acusado. Leopold e Loeb não podem ser responsáveis pelo que ocorreu antes de nascerem.

No caso, a dupla escapou da pena de morte e foi condenada a prisão perpétua mais 99 anos. A defesa bem-sucedida de Darrow foi uma invocação da teoria filosófica conhecida como "determinismo", segundo a qual nenhum evento — nem mesmo ações humanas — estão fora da jurisdição das leis imutáveis da natureza. Assim como a lei da gravidade faz uma maçã cair no chão, leis psicológicas operam sobre nosso corpo e sistema nervoso e governam nossas interações com o ambiente e outros indivíduos. O que vemos como "escolhas" são de fato os únicos resultados possíveis nas circunstâncias. Em suma, não há nenhuma diferença entre o que fazemos e o que somos capazes de fazer. Se o determinismo for verdadeiro, não há papel para o livre-arbítrio em nosso comportamento e precisamos de um novo conceito de responsabilidade.

A idéia de que nossas ações e suas conseqüências são predeterminadas foi reconhecida na antiga noção de destino, mas só na Idade Média a doutrina do determinismo foi plenamente desenvolvida como conseqüência das crenças teológicas cristãs. Filósofos cristãos raciocinavam que, se Deus é onisciente, deve saber como cada um de nós se comportará no futuro. Mas se nossas ações futuras já Lhe são conhecidas, ou se poderiam sê-lo em princípio, em certo sentido elas já devem existir, deixando-nos impotentes para alterá-las. Essa linha de pensamento foi reforçada, em vez de solapada, pela Revolução Científica e o universo mecânico de Isaac Newton. A visão newtoniana do mundo parecia mostrar que, se pudéssemos saber tudo acerca das leis da natureza e dos objetos sobre os quais elas operam, seria possível, em teoria, prever a destinação futura de todas essas coisas. Como o expressaria em 1820 o matemático e astrônomo francês Pierre Simon Laplace:

> Dada por um instante uma inteligência que pudesse compreender todas as forças pelas quais a natureza é animada e as respectivas situações dos seres que a compõem — uma inteligência suficientemente vasta para submeter esses dados a análise —, ela abarcaria na mesma fórmula os movimentos dos maiores corpos do universo e os do mais leve átomo; para ela, nada seria incerto, e o futuro, tal como o passado, estaria presente a seus olhos.[2]

Isso que chamamos de destino existiria, afinal de contas, mas não teria as conotações dramáticas que passamos a esperar. Mesmo a vida mais banal exibiria a marca do destino.

Poderíamos esperar neutralizar o determinismo situando nossa ação além do mundo físico, num reino etéreo em que nossa alma poderia tomar decisões sem ser perturbada por causas e efeitos materiais. Na verdade, esse cenário não faria diferença nenhuma, pois a força do determinismo se exerce quer as causas sejam terrenas ou celestes. Enquanto uma causa determinar nosso comportamento, não faz diferença que o impulso venha da matéria ou do espírito. Nossas escolhas precisam ser causadas por *alguma coisa*, e os deterministas acreditam que aquilo que as causa, seja o que for, deve moldá-las em todos os detalhes. Mesmo as escolhas do espírito teriam de ser causadas por alguma coisa. O problema tampouco seria resolvido pela descoberta de um setor do cérebro até agora ignorado que fosse capaz de anular os inputs da sociedade e da química do corpo. Teríamos apenas mudado o objeto de lugar e seríamos forçados a perguntar então em que base essa substância faz escolhas, e por que meios chega a suas decisões. Trata-se de uma questão de tempo, não de espaço. Cada escolha, salvo um ato de puro capricho, tem uma história. As decisões são tomadas no momento, mas concebidas no passado. O passado é a fonte do presente, e se um estado de coisas anterior causa um estado de coisas posterior, ele não apenas incita ou precipita o evento, mas determina sua maneira de ser. O problema é como conciliar essa lógica com a inegável sensação de liberdade que todos experimentamos, pois certamente temos a impressão de que podemos escolher uma coisa em vez de outra.

Outros filósofos alimentaram a esperança de que uma ciência mais nova nos libertaria da antiga. Eventos como o decaimento de uma partícula radioativa parecem inteiramente aleatórios e imprevisíveis. Embora possamos dizer que um átomo da substância foi levado a decair, as causas não parecem especificar a taxa particular desse decaimento até a última partícula alfa emitida. No entanto, se descobríssemos que eventos aleatórios no nível quântico influenciam nossas decisões, não ficaríamos em melhor situação. Um elemento de acaso não nos daria todo o poder de originar atos que estamos procurando. Se eu pudesse ter agido de outra maneira pela intercessão de um evento aleatório em meu cérebro, isso não parece diferente de ser coagido ou forçado por um evento do exterior. Atos de puro capricho não são os únicos exemplos de escolha, e livre-capricho não é realmente o mesmo que livre-arbítrio. Um elemento de acaso no processo de tomada de decisão poderia até prejudicar nossa capacidade de atuar como agentes livres. Em geral, desejamos que nossas ações sejam eficientemente determinadas — contanto que o sejam por nossa natureza, nossas preferências ou nossos desejos.

Friedrich Nietzsche, o filósofo que inspirou Leopold e Loeb, nunca teria atuado em Chicago como testemunha de defesa. Ele foi um dos primeiros expoentes de uma solução para o problema do livre-arbítrio e do determinismo que mais tarde ganhou ampla aprovação. Em sua melhor obra, *Sobre a genealogia da moral*, escreveu:

Pedir à força que *não* se expresse como força é tão absurdo como pedir à fraqueza que se expresse como força... Pois assim como a mente popular distingue o relâmpago de seu clarão e toma o último como uma *ação*, como a operação de um sujeito chamado relâmpago, assim a moralidade popular distingue também a força de expressões de força, como se houvesse um substrato neutro atrás do homem forte, que fosse *livre* para expressar força ou não. Mas não existe esse substrato; não há nenhum "ser" por trás do fazer, efetuar, tornar; o "fazedor" é uma mera ficção acrescentada à ação — a ação é tudo. A mente popular de fato duplica a ação; quando vê o clarão do relâmpago, vê a ação de uma ação: supõe o mesmo evento primeiro como causa e depois uma segunda vez como seu efeito.[3]

Essa foi uma expressão precoce da visão conhecida como "compatibilismo", segundo a qual tanto o determinismo do mundo físico quanto nossa experiência subjetiva de liberdade podem ser preservados.

Os compatibilistas acreditam que os libertários (no sentido metafísico, não político) pedem demais à liberdade. Começamos querendo ser livres de coerção física. Depois queremos ser livres de influências indevidas sobre nossas decisões, como pessoas que mintam para nós, misturem drogas às nossas bebidas ou nos dominem pela força de sua personalidade. Podemos também desejar ficar livres de nossas próprias fraquezas, como de um vício em álcool ou de uma tendência ao egoísmo. Mas se quisermos ser livres num sentido absoluto — isto é, no sentido em que *absolutamente nada* possa determinar rigidamente nosso comportamento — isso envolveria sermos livres de todas as partes de nós mesmos, incluídas as boas. Se fôssemos inteiramente livres de nossas crenças e opiniões, nossas simpatias e antipatias, todas as nossas preferências, não sobraria nada de nós para *ser* livre. O desejo de liberdade absoluta termina num desejo de dissolução de nossa individualidade, porque a única coisa que poderíamos querer dizer ao afirmar que uma pessoa é livre dessa maneira seria que ela não é absolutamente nada. Como uma escolha livre de toda influência não faz nenhum sentido, teremos de encontrar uma maneira de situar a liberdade num mundo de influências que não são elas próprias livremente escolhidas.

Somos constantemente informados pelos jornais e revistas, através de suas destilações dos mais recentes resultados das ciências, de que estamos "à mercê" deste ou daquele impulso ou inclinação. Mas nossos desejos são parte de nossa constituição, e se eliminarmos essas e outras características pessoais, não sobrará nada para estar à mercê de coisa alguma. Não faz sentido dizer que estamos à mercê de *nós mesmos*, pois que outra coisa poderíamos esperar? Seria realmente estranho se esse *não* fosse o caso. Se alguém nos agarra os braços e nos força a agir de certa maneira, sentimos nossos membros sendo movidos contra a nossa vontade. Mas se alguém assumisse o domínio de nossa própria vontade, nossos próprios desejos, e os forçasse num molde de sua autoria, que poderíamos usar para lutar contra isso? Temos nosso corpo, nossa mente — e que mais? Talvez tenhamos uma alma imortal que poderia levar adiante a batalha depois que seu corpo e sua mente tivessem tombado, mas essas linhas defensivas têm de parar em algum lugar. Quando a alma fosse por sua vez vencida — seja lá como isso pudesse ser levado a cabo — não sobraria nenhum lugar onde a luta pudesse continuar ocorrendo.

Um prisioneiro que não precisa de paredes para mantê-lo sob controle é um escravo. Um escravo que não precisa de chibata para lhe dobrar a vontade é um títere, e um títere não é em absoluto um agente, apenas mera extensão de seu controlador. Podemos ter a infelicidade de nos encontrar prisioneiros, mas isso é uma questão da intervenção de outrem, não de nossa natureza metafísica. Uma vontade frustrada é não obstante uma vontade. O determinista, em contraposição, acredita que somos de certo modo escravos. Sua visão implica, contudo, uma violência que não ocorre. Quando o determinista diz que nossas escolhas são "determinadas", essa é uma palavra forte que implica que nossa vontade poderia ser contrária à vontade do mundo, e que esta última é de algum modo mais forte que a nossa e capaz de subjugá-la.

Segundo os filósofos compatibilistas, o mais famoso dos quais é Daniel Dennett, simplesmente não é possível estar em conflito com o mundo dessa maneira. Dennet é um homem grande, com costeletas de Papai Noel e voz tonitruante. Nasceu em 1942, em Beirute, onde o pai estudava história islâmica e a mãe ensinava inglês. Seu pai trabalhou para o precursor da CIA — a Agência de Serviços Estratégicos — durante a Segunda Guerra Mundial, e morreu num desastre de avião em missão na Etiópia em 1948. A brilhante família, estabelecida na Nova Inglaterra, supunha que o filho cresceria para ser um professor em Harvard, mas ele se esquivou da Ivy League para ensinar alunos de ciências humanas na Universidade Tufts, perto dali, considerando que iniciantes eram melhores para mantê-lo alerta. Como ele me explicou em seu modesto escritório em Tufts: "Estudantes mais jovens não têm medo de dizer ao imperador que ele está nu." Para Dennett, embora pensemos naturalmente em ação ou operação como algo que faz diferença para o mundo, algo que "perturba o curso natural dos eventos", nada disso realmente acontece porque nós mesmos somos parte da natureza. Pode nos parecer que o asteróide "ia bater na Terra" até que enviamos todos aqueles mísseis nucleares para explodi-lo em pedacinhos, ao passo que não dizemos isso acerca de todos os asteróides que foram interceptados por outros corpos celestes como Júpiter ou a Lua durante seu "curso de colisão" com nosso planeta. Mas em nenhum desses casos "o curso da natureza" sofreu qualquer alteração. O impacto simplesmente não estava determinado de antemão, e se alguma coisa era inevitável era a outra colisão, seja com a Lua ou com o nosso míssil.

Os incompatibilistas afirmam que esse tipo de pensamento não passa de determinismo disfarçado — em outras palavras, que ele reconhece a existência de um destino férreo, mas massageia a linguagem para preservar nossa maneira usual de falar de escolhas. Em certo sentido, é exatamente isso. Em contraposição, os incompatibilistas insistem em que a verdadeira liberdade exige a possibilidade de que tivéssemos agido de outra maneira. Se existe apenas uma escolha a fazer, não há de fato nenhuma escolha.

Suponhamos que uma manhã, no trabalho, seu chefe lhe apresente uma proposta sedutora: um novo posto foi criado no exterior, e ele pensa que você seria o candidato ideal para o emprego. Ele sabe que você tem uma família bem estabelecida na área em que vive; seus três filhos estudam em escolas locais, e sua mulher tem um amplo círculo de amizades e um bom emprego nas proximidades. Depois de considerar o transtorno que isso causará aos seus entes queridos e de discutir o assunto com sua mulher, você decide aceitar a oferta por causa do grande aumento salarial que ela promete. No entanto, quando você comunica sua decisão, seu chefe responde que tanto fazia, porque ele já designara um sucessor para seu cargo atual e arranjara acomodações temporárias para você e sua família perto de seu novo local de trabalho no exterior. Parece agora que você não teve absolutamente nenhuma escolha, que a decisão já havia sido tomada em seu lugar. Em certo sentido, contudo, nada mudou — você não decidiu sob coerção, uma vez que não tinha conhecimento de nada. O processo físico e mental pelo qual você chegou à sua decisão foi o mesmo que teria sido se seu chefe tivesse deixado a questão em aberto o tempo todo.

No século XVII, o filósofo inglês John Locke escreveu sobre como um homem poderia "ser carregado enquanto dormisse profundamente para um quarto onde há uma pessoa com quem queria muito se encontrar e conversar, e ficar lá trancado, sem a possibilidade de sair; ele desperta e fica satisfeito por se encontrar em tão desejável companhia, ali permanecendo de bom grado".[4] O compatibilista considera que estamos constantemente nessa feliz situação. O mundo natural assegura que só haja sempre uma única escolha que podemos fazer em dada situação, mas, sendo nossa vontade ela mesma parte do mundo natural, ela é invariavelmente aquela que desejamos. Se um pessimista, ou melhor, um determinista, chama isso de "camisa-de-força", deve lembrar-se de que ela é feita sob medida, e tão bem que permite todos os nossos movimentos desejados. Em outras palavras, uma gaiola que se move para onde quer nos movamos não pode ser propriamente chamada de gaiola. Isso pode ser um mero jogo de palavras, mas nesse caso o compatibilista afirmaria que uma confusão lingüística ou conceitual é a causa primordial de nossos temores determinísticos.

Quando temos consciência de coerção desde o início, pode ser muito difícil desemaranhar nossos sentimentos de nossos temores. Se nosso funcionário tivesse descoberto um memorando resumindo a sorte que lhe fora destinada, suas deliberações poderiam ter sido muito diferentes. Em momentos de ilusão — a "má-fé" dos existencialistas —, tendemos a dizer a nós mesmos que realmente desejamos fazer aquelas escolhas que não somos fortes o bastante para recusar. Alguns sujeitos renitentes se dispõem até a se abster de seus desejos exatamente porque teriam enfrentado compulsão se eles fossem diferentes. Talvez os que são dotados de um impecável autoconhecimento saibam sempre quando estão agindo livremente, mas quem pode reivindicar tamanha transparência? Sem essa clareza, estamos condenados a sempre duvidar de nossas escolhas. Longe de exigir o conhecimento de que poderíamos ter feito de outra maneira, ser verdadeiramente livre é saber que *não* poderíamos ter agido de outra maneira se não houvesse alguma coação sobre nosso comportamento. Curiosamente, a sabedoria popular sustenta que o "verdadeiro" caráter de uma pessoa pode ser conhecido nas ocasiões em que ela tem poucas opções a seu dispor — "Espere até eles serem postos contra a parede, então veremos como realmente são!" Uma impressão muito melhor de como alguém "realmente" é pode ser obtida a partir da maneira como age — como *tem* de agir — quando está no auge de seus poderes e pode dar-se ao luxo de escolher entre muitos caminhos. No que diz respeito ao caráter, ordenar a morte quando se está no Salão Oval é mais revelador que cortar o pescoço de alguém que nos mantém cativos.

No entanto, ainda podemos admitir que há escolha mesmo em casos em que as opções são extremamente limitadas. A coerção não desqualifica a responsabilidade se alguém realmente quisesse cometer as atrocidades que foi forçado a praticar sob risco de morte. Por exemplo, oficiais nazistas que se recusaram a obedecer ordens podem ter sido fuzilados por desobediência, mas muitos deles não precisaram dessa ameaça e ficaram muito felizes em torturar e matar inocentes. Há uma diferença moral entre nazistas que estavam apenas cumprindo ordens e aqueles que receberam ordens que coincidiam com seu desejo — embora possa ter sido difícil distinguir entre os dois tipos nos julgamentos de Nuremberg. Alguma coisa pode tornar impossível evitar certo ato, sem ser, no entanto, a razão para praticá-lo. Por exemplo, podemos estar prestes a dar um salto de pára-quedas quando o motor do avião falha. Essa calamidade torna o salto absolutamente necessário, mas você ia saltar de qualquer maneira. Quando desculpamos uma pessoa que foi coagida, nós o fazemos não porque ela não poderia ter agido de outra maneira, mas porque a coação foi sua única razão para fazê-lo. Trata-se de uma questão de motivação, não de oportunidade.

Embora poucos de nós sejamos escravos, todos podemos ser títeres. O que está em questão é se alguma vez realmente agimos, ou se as coisas simplesmente nos "acontecem". Como distinguir entre ações e meros eventos físicos, entre uma continência e um tique involuntário que nos ficou de nosso tempo no exército? A resposta óbvia é que *escolho* prestar a primeira, ao passo que a segunda apenas *acontece*. Mas o que constitui exatamente essa "escolha"? A escolha não pode ser minha *resolução* de prestar continência quando meu oficial comandante desfila no campo de exercícios, porque eu poderia sempre mudar de idéia no último minuto.

Um homem na Inglaterra recebeu uma sentença de prisão por tentativa de roubo embora sua "tentativa" tivesse consistido em tropeçar na soleira do banco, bater a cabeça no chão e desmaiar antes de ter uma chance de anunciar sua intenção. Os caixas que lhe administraram os primeiros socorros encontraram uma arma falsa e um bilhete em seu bolso, escrito à mão, que dizia: "Ponha todo o dinheiro na sacola." Esse homem certamente não conseguiu cometer um crime, mas não era ele tão incompetente que foi incapaz até de tentar fazê-lo? Ele poderia certamente ter perdido a coragem ao se aproximar do balcão, mas mesmo assim foi punido. Talvez devamos admitir que as "escolhas" podem ser revistas antes da ação final, mas sentimos também que elas são ações completas, ressonantes em si mesmas e que, uma vez feitas, são feitas para sempre.

Se as "escolhas" são tais que nos comprometem verdadeiramente com uma ação, então nunca as percebemos. Na vida diária, como na filosofia de Nietzsche, a ação é o único teste confiável para a intenção. Um experimento conduzido em 1985 parece confirmar isso. O fisiologista americano Benjamin Libet pediu a um grupo de sujeitos para mover os dedos e registrar com um cronômetro o momento preciso de sua decisão de fazê-lo. Além disso, aplicou eletrodos em seus couros cabeludos para detectar a atividade cortical motora em seus cérebros que iniciava o movimento. Constatou que essa atividade começava entre um terço e metade de um segundo antes que os sujeitos se dessem conta de que haviam tomado a decisão consciente de mover os dedos.[5] Isso concorda de fato com a experiência normal, em que nunca nos apanhamos no ato de fazer uma escolha final até que tenhamos agido e o caso tenha passado. Todos já ouvimos a expressão: "Não sei o que quero fazer. Vou esperar e ver o que faço, e isso será o que queria fazer." Imagine que você está de dieta, mas, apesar disso, escolhe hambúrguer com batatas fritas para o almoço em vez de uma salada. Gostaria de ter feito outra escolha e mais tarde amaldiçoa sua fraqueza. Mas você não lamenta apenas a decisão — lamenta também ter sido a fonte da ação, nesse caso uma fonte gulosa e autocomplacente. Se nossas decisões não pudessem moldar nosso caráter ou indicar sua natureza, não ficaríamos tão aflitos depois de fazer escolhas lamentáveis. Desprezamos nossos fracassos morais não porque eles contrariam nosso caráter, mas porque suspeitamos que revelam sua verdadeira forma.

Para retornar ao debate metafísico, na versão compatibilista dos eventos, o agente humano parece ficar contido no fluxo causal geral do universo. O agente volitivo não é uma parte especial da natureza, isolado do passado e do futuro de tal modo que uma livre escolha possa ocorrer, mas uma parte comum (ainda que extremamente complexa) da natureza. É por essa razão que o filósofo norte-americano Thomas Nagel escreve:

> Acredito que em certo sentido o problema [do livre-arbítrio e do determinismo] não tem solução, porque alguma coisa na idéia de atividade é incompatível com o fato de ações serem eventos ou pessoas serem coisas. Mas à medida que os determinantes externos do que alguém fez são gradualmente expostos — em seu efeito sobre as conseqüências, o caráter e a própria escolha —, torna-se gradualmente claro que ações são eventos e pessoas são coisas. Ao final, nada resta que possa ser atribuído ao eu responsável, e somos deixados sem nada além de uma parte da seqüência maior de eventos, que pode ser deplorada ou celebrada, mas não censurada ou louvada.[6]

Jesus defendeu algo semelhante quando nos exortou a "odiar o pecado mas amar o pecador". Mas Nagel duvida que sejamos capazes disso, porque somos incapazes de nos ver simplesmente como partes do mundo. De dentro para fora, temos consciência de uma fronteira entre "o que é nós mesmos e o que não é, o que fazemos e o que acontece conosco, o que é nossa personalidade e o que é desvantagem acidental". Em conseqüência, afirma ele, "não vemos nossas ações e nossos caracteres meramente como episódios felizes ou lamentáveis — embora possam também ser isso... Aqueles atos continuam nossos, e nós continuamos a ser nós mesmos, por mais convincentes que sejam as razões que parecem provar que não existimos".[7]

O importante é que, se não há nenhuma fonte de atividade distinta do fluxo causal do universo, não podemos realmente falar de agentes, o que deixa os seres humanos como meros títeres. Para haver títeres, porém, é preciso haver um titereiro. O filósofo John Martin Fischer imaginou exatamente essa figura — o perverso dr. Black, também conhecido como "o Abominável Neurocirurgião". Enquanto opera Jones para remover um tumor cerebral, Black introduz secretamente no cérebro um microchip que lhe permite monitorar e controlar o comportamento do paciente por intermédio de um computador. Pouco depois de se recuperar, Jones decide votar nas eleições presidenciais norte-americanas, e o computador de Black está programado para entrar em ação nesse momento. Se Jones mostrar uma inclinação a votar em Carter, o computador, através do chip no cérebro, intervirá para fazê-lo decidir votar em Reagan. Mas se Jones decidir por si mesmo votar em Reagan, o computador nada fará, e continuará apenas monitorando seu comportamento.[8]

Suponhamos agora que ele decide votar em Reagan por si mesmo, assim como teria feito se Black *não* tivesse inserido o chip em sua cabeça. Jones pode pensar que teria podido fazer, ou, mais importante, desejar outra coisa, mas essa possibilidade é uma ilusão. O chip é uma forma especial de prisão que anula a vontade em sua fonte. A diferença entre as maquinações do neurocirurgião e o domínio da natureza é que nas primeiras um outro ser humano individual exerce controle sobre nós. Essas não são categorias de causa fundamentalmente diferentes, mas transmitem formas muito diferentes de valor e proferem respostas diferentes para a questão da nossa liberdade. Claramente importa se o dispositivo — ou qualquer outra causa que molde nossas escolhas — está sob o controle de outro *indivíduo*. Muitos dos problemas relacionados ao livre-arbítrio começam com a determinação nas mãos de um indivíduo particular, e depois seguem adiante para abranger deuses, forças naturais ou a própria "vida". Não deveríamos deixar nosso inimigo avançar tanto.

Imaginemos que o dr. Black, em vez de simplesmente introduzir um chip, conseguisse alterar as vias neurais de Jones de maneira que lhe alterasse o caráter. Ao ser anestesiado, o paciente é um cidadão cumpridor das leis, mas ao despertar é um criminoso violento. Ele não compreende por que sente esses impulsos agressivos, mas sente-se tão bem com eles como se sentia com sua natureza plácida anterior. Suponhamos que Jones seja então preso ao praticar um assalto à mão armada e levado a julgamento. Seus advogados poderiam certamente afirmar que as acusações deveriam ser dirigidas ao dr. Black, não a seu cliente, assim como Clarence Darrow acusou a ancestralidade de Richard Loeb. O pobre Jones, de sua parte, nunca pretendeu tornar-se um malfeitor. Embora possa não haver opção senão mantê-lo preso num lugar em que não possa causar danos às pessoas, não nos sentimos em relação a Jones do mesmo modo que em relação aos que se entregam ao crime impelidos por meios mais naturais. Para qualquer pessoa que o veja através da barreira de plexiglas que o impede de atacar o júri, não há dúvida de que Jones é um indivíduo de maus sentimentos, mas, moralmente falando, consideramos significativa a explicação para o modo como se transformou nisso.

Isso não quer dizer que *devemos* considerá-la significativa. Esta é uma mera descrição do julgamento norteado pelo senso-comum. O acusado é agora para todos os efeitos um homem mau — tem maus desejos e aproveitará qualquer chance para pô-los em prática. Entretanto, nossa intuição nos diz que julgar que alguém é perverso não é apenas uma questão de descrever seu estado mental. Ser livre não é uma questão de se sentir desacorrentado, ou de estar em conformidade consigo mesmo, seguro e resoluto. É uma questão de história, e parece que atribuímos mais peso a algumas histórias que a outras. Em outro mundo, Jones poderia ter sido um psicopata durante toda a vida, em conseqüência dos eventos de sua primeira infância ou por força da constituição genética de seus pais antes de sua concepção. Desculpar Jones com base na intervenção de Black parece revelar um preconceito em favor de causas recentes sobre causas mais distantes. Talvez um cirurgião benevolente pudesse "curar" Jones e com isso torná-lo "livre" novamente ("Ufa, aquilo foi terrível! Você não acreditaria nas coisas que me fizeram fazer!"). Mas se a obra de Black não pudesse ser desfeita, seria estranho dizer que Jones nunca mais poderia agir livremente — nem mesmo 50 anos depois — por causa desse único evento em sua vida. A questão é a presença ou a ausência de controle.

Dennett escreve:

> Considere um veado no Magdalen College Park. Ele está preso? Sim, mas não muito. O terreno cercado é muito grande. Suponhamos que removêssemos o veado para um recinto maior — uma grande floresta com uma cerca em volta. O veado continuaria preso? Soube que no estado de Maine, os veados quase nunca se afastam, durante suas vidas, mais de oito quilômetros de seu local de nascimento. Se uma cerca fosse posta além dos limites normais das perambulações de um veado durante sua vida, o veado em seu interior estaria preso? Talvez, mas observe que, para nossas intuições, faz diferença que *alguém* instale a cerca... Você se sente aprisionado no planeta Terra — assim como Napoleão ficou preso em Elba? Uma coisa é nascer e viver em Elba, outra é ser posto e mantido em Elba por *alguém*. Um cárcere sem carcereiro não é um cárcere.[9]

Isso é importante, sugere Dennett, porque nossa preocupação decorre da confusão entre os conceitos de controle e causação. "A espaçonave *Viking*", continua ele, "é um dispositivo determinístico tanto quanto qualquer relógio, mas isso não a impede de ser capaz de se autocontrolar. Dispositivos determinísticos mais extravagantes [como nós mesmos] são capazes não apenas de se autocontrolar; são capazes de escapar às tentativas que fazem outros autocontroladores para controlá-los."

Ademais, acrescenta Dennett:

O passado não nos controla. Ele nos controla tão pouco quanto o pessoal na Nasa consegue controlar as espaçonaves que saíram de nosso alcance no espaço. Não é que não existam vínculos causais entre a Terra e essas naves. Eles existem; a luz solar refletida pela Terra continua a chegar até elas, por exemplo. Mas vínculos causais não são suficientes para controle. É preciso também haver feedback para informar o controlador. *Não há nenhum sinal de feedback do presente para o passado de que este possa tirar partido*.[10]

Poucas pessoas considerariam a sonda espacial *Viking* livre o bastante para nossos propósitos, mesmo que ela fosse mais sofisticada. Suponha que o abominável neurocirurgião morresse num acidente de carro a caminho do laboratório, deixando seu mecanismo funcionando no cérebro de Jones. Ele pode não ser mais capaz de fazer mudanças no programa, mas seu plano persiste, embora paralisado em seu arranjo final. Jones poderia ter a impressão de que seu inimigo trapaceou a morte e agora tenta controlá-lo do "além-túmulo". Dependendo da importância relativa do passado para nosso presente, e da eficácia do dispositivo no caso de Jones, isso é algo com que teremos de viver. Dennett mostrou, porém, que podemos criar uma brecha entre causação e controle, e que podemos falar de autocontrole sem acrescentar que somos sempre controlados, por nossa vez, por alguma outra coisa. Como o expressa Robert Nozick: "Ninguém jamais anunciou que, por ser o determinismo verdadeiro, os termostatos não controlam a temperatura."[11]

Dennett é um filósofo que não tem medo de propor — e afirmar — soluções positivas para problemas filosóficos. Muitos de seus críticos não gostam da maneira como usa a ciência para decidir questões filosóficas, ao passo que alguns não gostam da própria idéia de solução para um enigma filosófico. Como Dennett me disse ao fim de nosso encontro: "Às vezes conseguimos articular o problema, e a resposta é clara. O livre-arbítrio é um bom exemplo. Mas há muita reincidência. Você pode mostrar que uma ilusão é uma ilusão, e as pessoas concordam. Mas simplesmente continuam sofrendo por causa dela."

O compatibilismo é um exemplo raro de teoria filosófica que teve sucesso sem decorrer de nenhuma descoberta científica. Não obteve, contudo, aceitação universal. O que se verifica é que, em sua maioria, os filósofos que trabalham sobre a questão do livre-arbítrio são incompatibilistas; entre os que não o são, porém, a maioria é compatibilista. O primeiro campo muitas vezes zomba deste último por sua falta de familiaridade com as mais recentes discussões e textos sobre o assunto. Mas talvez os filósofos compatibilistas tenham coisas melhores a fazer que reocupar um território já conquistado.

Certa vez o campeão de pôquer Doyle Brunson aconselhou os jogadores de cartas a não ignorar suas percepções extra-sensoriais durante os jogos, observando que "embora os cientistas não acreditem nisso, quantos campeonatos mundiais de pôquer os cientistas já ganharam?". Poderíamos também perguntar como não-teólogos podem considerar resolvida a questão da virgindade de Maria, ou como pessoas não fanáticas por óvnis podem considerar resolvida a questão do seqüestro por extraterrestres. A resposta, claro, é muito fácil. Os últimos 20 anos de debate sobre o livre-arbítrio produziram uma forte linha de pensamento anticompatibilista. Isso, contudo, é o que poderíamos esperar num campo que foi abandonado pelos exércitos regulares da filosofia e deixado a guerrilheiros que se recusam a aceitar a derrota.

3

MENTES E MÁQUINAS

"Pensei em algo que chamei de 'namorada automática', tendo em mente um corpo sem alma que seria absolutamente indistinguível de uma jovem espiritualmente animada, rindo, conversando, corando, cuidando de nós, e exercendo todas as funções femininas com tanto tato e doçura como se tivesse uma alma. Haveria alguém de considerá-la um equivalente completo? Certamente não."

William James

"No fim do século, o uso de palavras e a opinião geral educada terão mudado tanto que poderemos falar de máquinas pensando sem esperar que nos contradigam."

Alan Turing

"Modelos computacionais da mente não implicam que a mente seja um computador, assim como modelos computacionais da economia não implicam que a economia o seja."

Hugh Mellor

DESDE OS PRIMEIROS DIAS da filosofia, a tecnologia mais recente foi muitas vezes usada como modelo para a compreensão da mente. Como observava o filósofo norte-americano John Searle:

Em minha infância, sempre nos afirmaram que o cérebro era como uma mesa telefônica ... Sherrington, o grande neurocientista, pensava que o cérebro trabalhava como um sistema telegráfico. Freud comparou muitas vezes o cérebro a um sistema hidráulico e eletromagnético. Leibniz comparou-o a um moinho, e soube que alguns gregos antigos pensavam que ele funcionava como uma catapulta. No presente, obviamente, a metáfora é o computador digital.[1]

Em todas as metáforas listadas acima, o importante são os mecanismos dos objetos, e não o material de que são feitos. Se os gregos pensaram algum dia que a mente funcionava como uma catapulta, não foi porque acreditavam que ela era feita de madeira e corda. Aristóteles acreditava que a mente era o princípio organizador do corpo: "É por isso que podemos rejeitar por completo como desnecessária a questão de se a alma e o corpo são uma só coisa: é como se fôssemos perguntar se a cera e sua forma são uma só coisa."[2] Platão, o mestre de Aristóteles, havia pensado, ao contrário, que a mente era composta de um tipo de substância diferente da que compõe o corpo, e filósofos de são Tomás de Aquino a René Descartes herdaram essa visão. No entanto, é Aristóteles quem leva a melhor hoje, com uma visão da mente como um processo, e não como um objeto separado. O projeto contemporâneo de pesquisa sobre inteligência artificial (IA) sustenta que esse processo é computação.

A primeira representação cinematográfica da inteligência artificial foi vista no filme clássico de Fritz Lang, *Metrópolis*, de 1926. A ação se passava numa horrenda sociedade industrial do futuro e mostrava uma andróide modelada para se parecer com uma líder trabalhista. Quando o rosto da andróide toma forma e seus olhos se abrem para revelar uma semelhança perfeita, seu orgulhoso criador observa: "Só lhe falta uma alma." Essa desvantagem, porém, não impede que a andróide seja tomada por uma mulher normal. A falta de uma alma não incomodaria os pesquisadores de IA atuais, contanto que eles pudessem fazer com que um de seus projetos mantivesse uma conversa adequada com uma pessoa. A capacidade de ser convincente numa conversa corriqueira é condição do Teste de Turing, proposto em 1950 por Alan Turing, matemático britânico e inventor do computador digital.[3] No que ele chamou de "jogo de imitação", um interrogador senta-se numa sala ligada a duas outras por meio de um terminal. Em cada uma das outras salas está um sujeito experimental, sendo um deles uma pessoa e o outro, um computador. O interrogador faz perguntas à pessoa e ao computador através de seu terminal, e se não for capaz de distinguir qual é a mente artificial e qual a "real", faz sentido considerar ambas reais. Estritamente falando, não é o computador que seria a mente — a mente seria o programa de software que roda no computador. Se todas as mentes, inclusive as de seres humanos, funcionam dessa maneira, então consciência humana é aquilo que ocorre quando certo tipo de software está rodando no hardware da mente.

O próprio Turing acreditava que um computador seria aprovado no seu teste até o ano 2000. No entanto, a virada do milênio chegou e se foi, e continuamos esperando. Os pesquisadores de IA têm claramente algumas explicações a dar. Eles podem tentar pôr a culpa em Hollywood, por elevar nossas expectativas. Enquanto os filmes nos deram exércitos de robôs superinteligentes, de C3PO ao Terminator, a tecnologia do mundo real ficou muito atrás. Já faz meio século que o hardware do computador está aí, mas nunca esteve à altura da tarefa que se apresenta. Durante a maior parte da história, os pesquisadores tiveram de se contentar com uma maquinaria que mal é capaz de reproduzir a capacidade mental de um inseto. Mesmo que o hardware estivesse à altura da tarefa, haveria ainda o problema de projetar o tipo certo de software para produzir uma inteligência semelhante à humana. O cérebro deve ter enfrentado um problema similar durante sua própria evolução, já que, fisiologicamente, nossos cérebros são hoje os mesmos que eram milhares de anos atrás, antes que desenvolvêssemos a religião, a matemática, a arte e a literatura.

Alguns filósofos e cientistas acreditam que a arquitetura do cérebro e a cultura lingüística reforçaram-se mutuamente, e que isso impeliu a evolução da inteligência — assim como ocorre na indústria do computador, em que novas aplicações de software exigem máquinas mais rápidas para rodá-las melhor, o que por sua vez possibilita aplicações melhores. Esse processo começa a render dividendos. Se os entusiastas da IA foram excessivamente otimistas no passado, seus críticos foram excessivamente pessimistas. Por exemplo, o filósofo norte-americano Hubert Dreyfus garantiu certa vez que um computador jamais seria capaz de derrotá-lo no xadrez e, pouco depois, foi derrotado pelo programa Machack, de Maurice Greenblat. Em seu livro de 1986, *Mind over Machine*, escrito em co-autoria com seu irmão Stuart, Dreyfus explicou modestamente que embora computadores pudessem derrotar jogadores de seu nível, era improvável que algum dia fossem capazes de sobrepujar um verdadeiro mestre. Em 1997, no entanto, o Deep Blue da IBM derrotou o então campeão do mundo Gary Kasparov, considerado por autoridades do xadrez o melhor jogador que já existiu. Poucos diriam que Deep Blue "pensa", no pleno sentido da palavra. É uma máquina trituradora de números muito rápida, mas em última análise desprovida de inteligência. No entanto, à medida que computadores se tornam mais competentes em xadrez, em reconhecimento de rostos e em muitas outras tarefas outrora realizadas exclusivamente por mentes humanas, desqualificar seus feitos pode começar a parecer, cada vez mais, um preconceito contra o silício.

O cérebro humano possui cem bilhões de neurônios que processam informação a uma taxa estimada de cem milhões a cem bilhões de Mips (milhões de instruções por segundo). Em contraposição, o primeiro Macintosh da Apple, introduzido em 1984, rodava a cerca de 0,5 Mips — comparável a uma bactéria. Hoje as melhores máquinas de mesa conseguem chegar a mil Mips, ao passo que o mais rápido supercomputador atinge dez milhões de Mips. Quanto à memória, estima-se que os cem trilhões de sinapses do cérebro detêm o equivalente a cem milhões de gigabytes de informação, ao passo que o humilde Mac de 1984 possuía apenas um oitavo de um megabyte.[4] Ao longo dos últimos 50 anos, porém, os avanços em capacidade de computação seguiram a Lei de Moore — proposta em 1965 por Gordon Moore, o co-fundador da Intel —, segundo a qual a capacidade dos chips de computadores dobra num período de 18 meses a dois anos. Se essa lei continuar a vigorar, segundo estimativas conservadoras os computadores terão alcançado um nível de desempenho comparável ao do cérebro humano em algum momento antes de 2019.[5] Com toda probabilidade, os principais protagonistas do debate acerca da possibilidade de computadores terem uma mente terão uma resposta, de uma maneira ou de outra, ainda durante suas vidas.

John Searle está convencido de que já tem a resposta, pois acredita que nenhum computador poderia possuir uma mente, mesmo que fosse aprovado no Teste de Turing. Estive com Searle no lugar que ele descreve como o "paraíso" — o tranqüilo cenário neo-romântico do Berkeley College, na Califórnia, onde trabalha desde 1959. Searle tem merecida reputação como filósofo brigão. Com uma constituição maciça, compacta, andou com arrogância de um lado para outro em seu escritório, os quadris para a frente, enfatizando cada ponto com um soco no ar. Produz uma torrente de intricado raciocínio lógico para atacar seus opositores, mas realmente se anima quando acusa as teorias destes de serem "asneira", palavra repetida em alto e bom som no início e no fim de cada diatribe. É uma companhia divertida, e é sem dúvida por isso que recebe freqüentes convites de luminares sociais como a família Getty. Quando era um jovem professor assistente em Berkeley, Searle envolveu-se no Movimento pela Liberdade de Expressão, participando de um protesto estudantil em 1964. Seu interesse só fora despertado porque as autoridades da faculdade o haviam proibido de fazer um discurso criticando o macarthismo. Afora essa exceção, os constantes protestos lhe pareciam uma irritante perturbação de suas aulas de filosofia, e ele rejeitava a esquerda política como má e a direita como burra. Quando os estudantes conseguiram derrubar as autoridades do Berkeley College, Searle uniu-se à nova liderança por algum tempo, até que descobriram que ele resistia ao dogma socialista e ele se cansou de fazer inimigos. Nunca se cansou, porém, de fazer inimigos em seu próprio campo. Entre eles o falecido pensador francês Jacques Derrida — na década de 1970 eles entraram em conflito por causa de uma intrincada interpretação da obra do filósofo inglês J.L. Austin — e Daniel Dennett, numa contenda que se alastrou pelas páginas do *New Yorker Review of Books*. Os leitores foram brindados com uma saraivada de cartas em que os dois filósofos questionaram progressivamente a integridade, a sanidade, a audição e a visão um do outro.

A contribuição mais famosa de Searle para a filosofia é o experimento mental da Sala Chinesa.[6] Ele foi tão influente que o cientista da computação Patrick Hayes definiu uma vez a ciência cognitiva como "o programa de pesquisa em andamento para mostrar que o Argumento da Sala Chinesa de Searle é falso".[7] Searle imaginou um falante nativo do inglês trancado numa sala com várias caixas contendo caracteres chineses. Pessoas fora da sala podem lhe passar perguntas enviando uma série de caracteres chineses através de uma caixa coletora de correspondência. O homem possui também um longuíssimo manual de instruções contendo tabelas que lhe permitem correlacionar os caracteres a outros e enviar de volta as respostas corretas usando os símbolos contidos nas caixas. Por esse método ele poderia conduzir uma conversa, embora extremamente lenta, com um falante nativo de chinês. É claro, no entanto, que o homem trancado na sala não compreende chinês. Ele não sabe o que os símbolos representam e não consegue compreender nem as perguntas que lhe são feitas nem as respostas que dá. Sua atividade consiste não em uma conversa inteligente, mas numa manipulação irracional de um banco de dados de acordo com um programa de regras. Como esse processo é essencialmente o que os programas de IA usam para interagir com indagadores, segue-se que computadores não entendem inglês, por mais rápida e eficientemente que possam esquadrinhar seus bancos de dados e produzir seus outputs.

Uma resposta, conhecida como "Resposta dos Sistemas", é que o envolvimento do homem serve apenas para desviar a atenção. O homem pode não entender chinês, mas a sala tomada como um todo entende. O homem é meramente o executor das regras, análogo à Unidade Central de Processamento (CPU) de um computador. Searle salienta, contudo, que o homem poderia memorizar os conteúdos das caixas e o manual de instruções de tal modo que todo o sistema ficasse contido nele, e ainda assim não teria a menor idéia do significado das palavras. Outra abordagem é a "Resposta do Robô", que situa o problema no isolamento da sala. Se um computador fosse encaixado dentro de um robô e enviado para o mundo com microfones e videocâmeras para atuar como "sentidos", a máquina chegaria a realmente compreender a língua ao entrar em contato com os objetos a que estivera se referindo sem saber. Searle salienta que os dados recebidos das câmeras e microfones seriam introduzidos na CPU na forma de numerais — em outras palavras, estaríamos dando à máquina já sobrecarregada um outro conjunto de símbolos para manipular. Segundo Searle, a mera *sintaxe* dos símbolos nunca pode se elevar por seus próprios esforços e ascender à semântica do pensamento — símbolos não podem interpretar a si mesmos. E de nada adiantaria incluir uma definição do que cada símbolo supostamente denota no código de programação — uma vez que estes seriam expressos em ainda mais símbolos. Computadores são aparelhos que manipulam símbolos de acordo com regras. O que os símbolos representam não importa, contanto que as regras sejam seguidas e cada input resulte no output apropriado. A interpretação desses outputs é feita pelos usuários do computador, não pela própria máquina. Não é que uma máquina por si própria não possa pensar — o cérebro é uma máquina, Searle atesta, e os cérebros podem pensar —, mas esse pensamento não é uma simples manipulação irracional de símbolos. Alguma coisa precisa infundir vida nos símbolos para lhes dar significado, e, para Searle, esse componente é a consciência "gerada" por cérebros biológicos.

Paul e Patricia Churchland, um casal de filósofos, objetam que Searle não tem nenhum direito de afirmar que a semântica não pode se desenvolver a partir da sintaxe, que o sentido não pode ser atingido de baixo para cima, e que esta é uma questão empírica a ser decidida por estudos científicos e não por especulações de poltrona. Em seus escritórios em andares elevados no campus futurístico da Universidade de San Diego, eles me asseguraram que a posição de Searle representa uma falta de imaginação semelhante à dos poetas William Blake e Wolfgang von Goethe, que consideravam inconcebível que as pequenas partículas que hoje chamamos de "fótons" pudessem ser responsáveis pela luz. Poderíamos afirmar que a propriedade essencial da luz é a luminância, ao passo que eletricidade e magnetismo são forças, e como forças por si mesmas não são constitutivas da luminância; a eletricidade e o magnetismo não podem ser suficientes para a luz. Estaríamos errados, é claro, ainda que o raciocínio parecesse eminentemente sensato antes que compreendêssemos os paralelos entre as propriedades da luz e as das ondas eletromagnéticas. Em 1864, o físico James Clerk Maxwell sugeriu que luz e ondas eletromagnéticas eram idênticas. Isso incitou os Churchland a sugerir uma versão do século XIX do experimento de Searle, que eles chamam de "Sala Luminosa":

> Considere uma sala escura, contendo um homem que segura um ímã ou um objeto carregado. Se o homem move o ímã vigorosamente para cima e para baixo, isso iniciará, de acordo com o programa de LA (luminância artificial) de Maxwell, um círculo cada vez mais amplo de ondas eletromagnéticas e por conseguinte será luminoso. Mas, como todos nós que brincamos com ímãs ou objetos carregados sabemos bem, suas forças, como quaisquer outras, mesmo quando postas em movimento, não produzem absolutamente nenhuma luminância. É inconcebível que se possa constituir verdadeira luminância apenas movendo forças continuamente![8]

Todos sabemos que o interior de uma sala como essa seria escuro como breu, mas isso ocorreria porque a freqüência das oscilações do ímã seria baixa demais — por um fator de 10 elevado à 15ª potência. O comprimento das ondas eletromagnéticas produzidas seria longo demais, e sua energia fraca demais para que elas fossem detectadas por olhos humanos. Isso, no entanto, seria uma questão de quantidade, não de qualidade. Se a freqüência das oscilações fosse aumentada o suficiente, haveria um ponto em que a sala seria iluminada. De maneira semelhante, embora a Sala Chinesa de Searle não compreendesse inglês, isso não significa necessariamente que nenhuma sala operando com base nos mesmos princípios jamais poderia fazê-lo.

Segundo Searle, uma Sala Chinesa em funcionamento simula a compreensão do chinês sem compreender a essência da língua. No entanto, é estranho dissociar a essência de uma habilidade da capacidade de empregá-la com sucesso. O contrário certamente não faria nenhum sentido. Não se poderia dizer que uma pessoa compreende a essência do chinês se ela não consegue falá-lo. Talvez, se o mecanismo na sala funcionasse muito mais rapidamente e tivesse contato suficiente com o mundo, ele alcançaria uma compreensão do sentido de seus símbolos. As palavras são capazes de significar o que significam porque estão postas em constantes relações com ações e objetos. A sintaxe do computador adquire sentido porque vinculamos certos símbolos em constantes relações causais com o mundo mediante programação e engenharia dos periféricos. Se um surto de intoxicação gastrintestinal dizimasse o pessoal do centro de monitoramento rodoviário, as câmeras e os computadores que registram o tráfego continuariam a representar a rede de estradas, pelo menos enquanto não faltasse energia elétrica, porque as mesmas relações causais entre os monitores e os monitorados continuariam em vigor.

No entanto, é inútil esperar que as relações causais dos programas de computador dotem seus símbolos de sentido se, como Searle também alega, eles não possuírem o tipo certo de poderes causais para ser conscientes. Searle acredita que simulações por computador dos processos cerebrais que produzem consciência estão para a consciência real como uma simulação por computador da digestão está para a digestão real. "É pura conversa fiada", zombou ele, "porque um estômago simulado não pode digerir realmente coisa alguma. Uma mente simulada não pode compreender coisa alguma. Ninguém espera que se possa enfiar uma pizza numa perfeita simulação por computador do processo digestivo." No entanto, outros tipos de simulação parecem nos dar o que queremos. Quando solicitamos a função de calculadora num computador de mesa, a imagem de uma calculadora de bolso aparece na tela. Não nos queixamos de que "isso não é realmente uma calculadora" porque os atributos físicos do aparelho não importam. Nesse caso, uma simulação é tão boa quanto a coisa real. O essencial são os resultados que cada materialização produz quando digitamos os números, que são os mesmos em ambos os casos. A questão, portanto, é se os "resultados" importantes da consciência são uma questão de abstração ou de materialização. Podemos até dizer que essa é *toda* a questão, e uma questão que não se pode resolver estipulando que os resultados devem ser concebidos em cérebros biológicos. Para artistas, a tinta acrílica simula o efeito de tintas a óleo. Um scanner retiniano simula o efeito de uma chave. O que importa é que a porta se abre, não que a ferramenta seja feita de liga de níquel entalhada. Se uma calculadora faz cálculos *reais* porque os resultados de suas operações — números numa tela — têm uma equivalência com os números escritos no quadro-negro de um matemático, ou são intercambiáveis com eles, a questão é se os produtos da consciência — palavras e expressões — se assemelham mais a esses números que a fatias de pizza.

Searle acredita que há alguma coisa especial no tecido cerebral que lhe permite gerar consciência. A função biológica do cérebro é produzir pensamentos, assim como a função do coração é bombear sangue, e a dos pulmões é respirar. Isso parece sugerir, no entanto, que a consciência é uma espécie de "fulguração do cérebro", um efeito físico distinto, e está longe de ser evidente que ela é de fato algo desse tipo. Searle é um materialista, e concorda que o cérebro é uma máquina — que a consciência é o resultado de um processo maquinal. O problema é apenas que um computador, acredita ele, não é o tipo de máquina apropriado com que traçar uma analogia. As mentes, sustenta, são parte da natureza, mas computadores existem apenas porque as pessoas vêem certos objetos como computadores. "Nada é um computador em si mesmo", disse ele. "Alguma coisa só se torna um computador quando é usada para computar algo por um agente consciente." Ele insistiu que uma interpretação computacional poderia ser dada a qualquer coisa: "Qualquer objeto comum, como uma janela, pode ser um computador — representando um se estiver aberta e zero se estiver fechada." Searle estava retornando à idéia de que a semântica — significado ou "concernência" — não pode ser obtida de baixo para cima. E, como computação não trivial é uma função de ordem mais elevada de um objeto, não há computadores naturais — nada, em si mesmo, é um computador antes que seja usado como tal, nem pode ser seu próprio usuário. A resposta de Daniel Dennett é que cérebros terão de fato de ser seus próprios usuários, porque ninguém mais fará isso por eles. Os cérebros são bem-sucedidos porque são produtos de seleção natural. A evolução moldou o cérebro humano de tal maneira que seus padrões neuronais reagem a inputs de nosso ambiente e causam uma resposta racional a eles. Da mesma maneira, símbolos manipulados dentro de um computador adquirem sua significação, sua capacidade de executar uma tarefa, pelas relações constantes que têm com outros objetos fora da máquina. No caso dos computadores atuais, esses objetos incluem impressoras, scanners e sistemas de rastreamento de mísseis. No futuro, poderão incluir usuários de outras línguas. Dennett parodia a posição de Searle como uma afirmação de que "asas de avião são realmente para voar, mas asas de águia não".[9] Em certo sentido isso é verdade, porque ninguém projetou especificamente as asas das águias para lhes permitir voar. No entanto, isso não nos permite negar que as águias voam, ou que podemos entender o que fazem como voar.

Os filósofos que acreditam na possibilidade de uma IA plena admitem que falta consciência às calculadoras de bolso. Essas mentes tão bitoladas não são mentes em absoluto. A mente existe, pensam eles, quando milhares de atividades semelhantes estão todas tendo lugar no computador. No entanto, a idéia de acrescentar mais competências logo esbarra num problema. Um computador comum trabalha com um processador serial — um gargalo através do qual todas as suas operações são espremidas. Assim, em qualquer momento dado, ele está efetuando uma única operação, uma única atividade. Se mentes são possíveis nessas circunstâncias, elas são mais estranhas do que pensávamos. Isso implica que uma mente pode ser considerada como tendo existência quando vista ao longo de uma extensão de tempo, mesmo que não exista em nenhum momento singular, tomado por si mesmo. Pode-se também perguntar sobre o limite superior dessa escala de tempo. Com base exclusivamente em princípios computacionais, não há razão para que um computador não possa levar, digamos, dez bilhões de anos para completar as operações equivalentes a um comentário sobre o clima feito por um adulto humano. Insistir em respostas mais rápidas pareceria arbitrário. A estranheza desse pensamento nos leva a considerar uma forma alternativa de computação.

Essa é a resposta preferida pelo colega de Searle em Berkeley — o jogador de xadrez crítico da IA, Hubert Dreyfus. O professor Dreyfus é famoso no mundo filosófico por disseminar o pensamento do filósofo existencialista alemão Martin Heidegger. É conhecido também, e invejado, por ter feito fortuna trabalhando como consultor filosófico de Fernando Flores — o menino-prodígio da economia, nomeado ministro da

Fazenda aos 29 anos pelo presidente Salvador Allende, do Chile, em seu breve governo socialista. Após três anos de prisão durante o governo do general Augusto Pinochet, Flores estudou sob a orientação de Dreyfus antes de fundar uma bem-sucedida companhia de software. Com seu ar ascético, roupas claras e compleição enxuta, Dreyfus não dá a impressão de ter desempenhado esse papel por dinheiro, mas permite-se o luxo de correr pelo campus num Volkswagen Karmann Ghia *vintage*. De todos os filósofos com que conversei durante a pesquisa para este livro, Dreyfus foi o único que pareceu estar pensando novamente sobre cada pergunta, mesmo quando elas diziam respeito a questões que ele deixara para trás havia muito tempo. Uma delas foi inteligência artificial. "Não penso mais sobre computadores", disse-me. "Suponho que ganhei e a questão está encerrada — eles desistiram."

O raciocínio "vitorioso" de Dreyfus é que as mentes humanas e os computadores funcionam de maneiras muito diferentes. Por exemplo, um jogador de xadrez humano não decide sobre o melhor movimento experimentando milhares de posições e examinando as conseqüências de cada ação possível. Em vez disso, um grande mestre pode levar apenas alguns segundos para decidir o que fazer usando a intuição. O grande mestre está usando uma forma altamente desenvolvida de senso comum para excluir certos movimentos de saída. Ele sabe intuitivamente que certas abordagens seriam suicidas e não se dá absolutamente ao trabalho de processá-las. O computador, em contraposição — mesmo o Deep Blue, que venceu Gary Kasparov —, não sabe nada disso e processa laboriosamente as conseqüências de movimentos "obviamente" estúpidos para um jogador humano. É preciso haver uma maneira de determinar a que é relevante aplicar as regras, mas um computador é incapaz desse tipo de discriminação. O senso comum requer a capacidade de fazer generalizações, e juízos desse tipo são feitos contemplando-se uma situação holisticamente, não aplicando um conjunto de regras a uma informação de cada vez. Essa é a diferença entre conhecimento e *know-how*. "Computadores", explicou Dreyfus, "possuem somente representações e regras para manipular essas representações, e essas coisas simplesmente não estão envolvidas em *know-how*." Convém ressaltar que a falta de senso comum dos computadores foi uma das razões por que os críticos duvidavam originalmente de que eles seriam algum dia capazes de jogar xadrez no nível de um grande mestre. Mas pelo menos o xadrez é um domínio limitado, independente, com um número finito de movimentos possíveis a considerar. Se um computador tivesse de enfrentar a vida no mundo habitual, haveria um número excessivo de opções a processar a cada movimento.

Dreyfus concorda que, num sentido, o cérebro é um computador, "na medida em que se trata de um pedaço de carne que gera respostas, mas mais interessante é saber se ele segue regras, se o processamento do cérebro é holístico ou atomístico". Ou seja, Dreyfus quer saber se o cérebro trabalha atomisticamente, como um computador digital, processando seqüências de códigos segundo regras, ou holisticamente, como um aparelho analógico que aprende a reconhecer padrões. Este último modelo é conhecido como "Processamento Distribuído Paralelo" (PDP) e "conexionismo". Diferentemente de um PC, o cérebro não tem uma CPU onde todos os cálculos são feitos. Ele processa informação com base em milhões de unidades menores trabalhando em paralelo. Cada unidade de processamento, ou neurônio, está arranjada numa rede de conexões ponderadas que mapeia várias informações. Esse mapeamento pode ser mais precisamente regulado mediante o ajustamento do peso das conexões entre os neurônios até que os outputs apropriados sejam alcançados. Os chips nos computadores digitais trabalham muito mais depressa que neurônios, mas como muitos neurônios interconectados enfrentam o mesmo problema simultaneamente, o cérebro pode alcançar velocidades maiores em certas tarefas. Essa arquitetura de processamento paralelo é mais eficiente para lidar com inputs extremamente multiformes, como reconhecer o contorno de um leão no horizonte. É também mais rápido em lembrar como evitar a fera, uma vez que essa informação está distribuída pelo sistema nas forças relativas das conexões entre milhões de neurônios. Dada a quantidade de informação que um cérebro pode armazenar, enfiar laboriosamente o catálogo inteiro pelo gargalo de uma CPU para recobrar os dados relevantes significaria que o leão estaria em cima de nós antes que nos lembrássemos da conveniência de subir numa árvore. Para outras tarefas, que exigem muitas transformações de uma série limitada de inputs — por exemplo, uma longa conta de multiplicar —, processadores seriais como um PC funcionam melhor que cérebros. O cérebro pode, é claro, executar essas funções também, mas elas são apenas um de seus múltiplos talentos e não seu modo geral de operação.

As virtudes superiores das arquiteturas de processamento paralelo não têm importância para a questão filosófica em debate. Elas podem ser melhores quando queremos evitar leões famintos, mas aqui estamos interessados unicamente na capacidade de pensar de qualquer maneira, não na capacidade de pensar certos tipos de coisas com rapidez e eficiência. Pode ser possível separar o pensamento em si do pensamento próprio dos seres humanos, e os computadores digitais talvez sejam capazes de pensar sem que a mente humana sirva de exemplo. Dennett, no entanto, nos aconselha a não nos impressionarmos demais pelas diferenças, pois "no cerne do mais volátil sistema de reconhecimento de padrões (seja conexionista ou não) reside uma máquina [serial] em movimento, computando uma função computável".[10] Cada neurônio individual equivale a um diminuto robô triturador de números. Dennett ressalta ainda que um processador paralelo pode ser simulado numa máquina serial, calculando uma conexão por vez e aglomerando os resultados. As mesmas tarefas podem ser executadas dessa maneira, embora muito mais lentamente e uma de cada vez. Isso leva a um dilema quando consideramos nossas próprias mentes, pois embora pensemos com a rapidez que o processamento paralelo permite, nossos pensamentos não são uma cacofonia de vozes concorrentes. Dennett chama a mente humana de uma "máquina joyceana", pois acredita que seus circuitos paralelos produzem um processador serial "virtual", mais conhecido como fluxo de consciência.

O filósofo Jerry Fodor refere-se à teoria computacional da mente, ou da mente como "trituradora de números", como o que há de melhor à disposição no momento. Quando conversei com ele em Nova York, disse-me:

Neste momento, temos certeza de que a computação é o modelo para a mente. Mas daqui a 500 anos, quando tiver ocorrido progresso real, é extremamente improvável que a teoria preferida por nossos descendentes vá se parecer com qualquer coisa que possamos imaginar hoje. A melhor aproximação que temos agora é o sistema computacional, mas o que para mim é indubitável é que, se Deus lhe dissesse de que maneira a mente funciona, você não a compreenderia. Você não seria capaz de *ler* o último capítulo. É por isso que não me parece muito importante ter uma concepção amplamente aceita.

Segundo o futurista Nick Bostrom, Fodor está errado ao pensar que as mentes futuras vão repelir o modelo computacional, porque provavelmente elas próprias serão computadores. Mas é também por isso que Fodor está certo ao dizer que seríamos incapazes de compreender plenamente o capítulo final sobre a mente — porque ele será escrito por mentes artificiais com faculdades muito maiores que as nossas. Isso teria drásticas conseqüências para a auto-estima humana, ou pelo menos a auto-estima dos filósofos da mente. De *Metrópolis* de Fritz Lang a *Matrix* dos irmãos Wachowski, a indústria cinematográfica mostrou seres humanos escravizados por suas criações robóticas. O medo real deveria ser o de que tais máquinas pudessem tornar alguns de nós supérfluos. Certos filósofos estão menos atemorizados por essa perspectiva que outros. John Searle escreve:

Como todos os jogos, o xadrez foi construído em torno do cérebro e do corpo humano e de suas várias capacidades e limitações. O fato de o Deep Blue ser capaz de levar a cabo uma série de processos elétricos que podemos interpretar como "capazes de derrotar o campeão mundial de xadrez" não é mais significativo para o jogo de xadrez humano que seria para o jogo de futebol humano se construíssemos um robô de aço capaz de correr com a bola de maneira tal que seres humanos não pudessem enfrentá-lo. O jogador de xadrez Deep Blue é tão irrelevante para os interesses humanos quanto o zagueiro Deep Blue.[11]

Searle não parece ser do tipo que se preocupa indevidamente com alguma coisa, mas sua visão é esperançosa, para dizer o mínimo. Se os robôs fossem indivíduos inteligentes que passassem no Teste de Turing e formassem sua própria liga profissional, o futebol americano poderia ficar em relação a isso como o jogo amador está para a Liga Nacional de Futebol hoje. E se inteligências artificiais, e não seres humanos, estivessem fazendo os avanços científicos, escrevendo os melhores romances e projetando versões cada vez mais avançadas de si mesmos, nós ficaríamos como crianças ou bichos de estimação, entregues a nossos divertimentos, enquanto seres superiores fariam o trabalho importante.

Talvez fosse melhor para os filósofos parar de discutir sobre a questão da inteligência artificial e simplesmente esperar que a ciência triunfe ou fracasse na produção de máquinas que consigam manter uma conversa. Na literatura atual, a filosofia tem dois papéis principais: primeiro, determinar se essas máquinas seriam ou não conscientes, e, segundo, prever se essas máquinas são ou não possíveis. A resposta à segunda pergunta é esperar; e depois a resposta à primeira será irrelevante. Se máquinas capazes de conversar forem inventadas algum dia, provavelmente não se discutirá mais se elas meramente simulam conversar, assim como hoje não se discute se calculadoras de bolso meramente simulam calcular. As calculadoras "fazem o serviço", e uma máquina capaz de conversar "faria o serviço" de conversar. Pode não haver uma pessoa do outro lado da linha, mas isso significa apenas que conversar é a única coisa que a máquina faz, caso em que, para alcançar paridade entre homem e máquina, precisamos apenas assegurar que esta possa realizar todas as nossas outras tarefas. Seria possível objetar que o computador simula grande número de diferentes pequenas tarefas, como jogar xadrez, resolver problemas de aritmética e — espera-se, algum dia — escrever romances e contar piadas, mas em nada disso ele realmente simula uma mente em contraposição a uma das funções da mente. Poderíamos perguntar, entretanto, se resta alguma mente depois que suas funções lhe são retiradas, assim como se resta alguma cadeira depois que seu assento, pernas e encosto foram retirados. Essa questão é o tema do próximo capítulo.

4

Corpos e almas

"Que algo tão notável quanto um estado de consciência surja em decorrência da irritação do tecido nervoso é tão inexplicável quanto o aparecimento do gênio quando Aladim esfregou a sua lâmpada."

Thomas Huxley

"A ciência não pode nos dar o sabor da canja de galinha. Mas, pensando bem, não seria esquisito se pudesse?"

Albert Einstein

EM 2001, FOI NOTICIADO que um grupo da Universidade de Victoria, no Canadá, estava desenvolvendo um aparelho de "leitura da mente" para ser usado por pessoas gravemente incapacitadas. O Cyberlink, uma faixa que envolve a cabeça, é projetado para detectar sinais cerebrais em pessoas incapazes de falar. A esperança é que, estando essa faixa ligada a um sintetizador de voz, a informação possa ser traduzida em fala eletrônica. Tetraplégicos como o professor Stephen Hawking seriam poupados da laboriosa tarefa de comunicar seu pensamento letra por letra através de uma interface de computador. Se um protótipo do Cyberlink fosse produzido, ele mudaria a maneira como pensamos sobre o problema mente-corpo. Parte da razão por que nos parece difícil compreender como a consciência emerge da matéria é que a mente e nosso ambiente parecem ocupar dois mundos inteiramente diferentes — um interno e outro externo. O que se passa no mundo externo é matéria de registro público, mas os pensamentos que se desenrolam no mundo interno são, achamos nós, privados e protegidos contra o olhar de outros indivíduos. Se o Cyberlink algum dia for posto à venda, ficará provado que essa privacidade é contingente e não representa qualquer tipo de barreira entre os dois mundos. Ouvir nossos pensamentos irradiados por um alto-falante à medida que os pensamos poderia até nos levar a parar por completo de considerar a existência de dois mundos. Mas é possível que considerássemos então um nível de pensamento mais profundo, silencioso, que o alto-falante fosse incapaz de expor. Poderíamos suspeitar que o que ouvimos não são os verdadeiros pensamentos do sujeito, mas apenas o que ele quer que ouçamos. Seríamos incapazes de provar que o sujeito não está nos enganando. Mas se todos que fossem ligados à máquina relatassem que ela funciona perfeitamente para eles, e se nós também a experimentássemos e constatássemos que o testemunho dessas pessoas é corroborado por nossa própria experiência, a correlação seria sem dúvida boa o bastante para nos convencer. Talvez se prove impossível construir um aparelho como esse, mas não há razão para pensar isso — afinal, nossos lábios e cordas vocais não têm nenhuma dificuldade em traduzir sinais cerebrais em fala.

Nada disso seria possível se os pensamentos não fossem dependentes de eventos que têm lugar no cérebro e no sistema nervoso. Imaginaríamos o Cyberlink como a primeira máquina no mundo para detectar a consciência — uma solução de engenheiro para o problema filosófico de provar a existência das mentes alheias. Ela mostraria que o problema é a espessura do crânio e não a opacidade da mente. Você não pode ouvir meus pensamentos ou sentir minha dor, mas tampouco pode ver as moscas volantes no meu globo ocular ou sentir a rosquinha entalada em minha garganta, e ninguém diria que esses dois objetos são acessíveis unicamente da perspectiva da primeira pessoa. Alguns filósofos, contudo, não ficariam impressionados, porque eles negam que pensamentos consistam unicamente em certos processos cerebrais. O medo (ou a esperança, dependendo de como se veja) é que mesmo que descobríssemos exatamente que materiais, configurações e processos são requeridos para a consciência, ainda não teríamos respondido ao que o filósofo australiano David Chalmers chama de o "Problema Difícil", isto é, por que qualquer dessas coisas resulta em experiências conscientes. Comparados a este, os outros problemas são "fáceis", porque sabemos o que fazer para resolvê-los — é uma questão de fazer mais neurociência.

Além de sermos incapazes de dizer exatamente como o cérebro produz consciência, também não conseguimos explicar por que arranjos complicados de neurônios produzem qualquer tipo de experiência. Provavelmente o cérebro não tem escolha na questão, mas nossa imaginação nos diz que Deus teria tido. No século XVII, o filósofo francês René Descartes afirmou que era capaz de se imaginar sem um corpo e existindo como uma mente desencarnada. Isso deve ser possível, sustentou, porque mente e corpo possuem duas essências distintas — pensamento e extensão, respectivamente. Elas devem consistir portanto de substâncias diferentes que, embora sejam sempre encontradas juntas neste mundo, poderiam estar separadas se Deus assim o quisesse. Esse argumento em prol da teoria conhecida como "dualismo" repousa na suposta indiscernibilidade de entidades idênticas, uma versão da Lei de Leibniz que afirma que dois objetos nunca podem ser de fato idênticos se houver alguma propriedade que não seja possuída por ambos. Descartes não tinha nenhuma dúvida acerca de qual era, entre essas duas substâncias, aquela com a qual mais se identificava: "Vendo que eu podia fingir que não tinha corpo... mas que não podia, apesar de tudo, fingir que não existia... concluí assim que eu era uma substância, da qual toda a essência ou natureza consiste em pensar, e que, para existir, não precisa de lugar e não depende de coisa alguma de material."[1] Infelizmente para Descartes, a Lei de Leibniz tem exceções, como a falácia do Homem Mascarado: posso saber quem é meu pai, mas não sei a identidade de um homem que encontro num baile de máscaras. Essa disparidade não me permite concluir que o mascarado não é meu pai. Se o homem sob o disfarce for de fato meu pai, será irrelevante que eu possa imaginar que ele é alguma outra pessoa. O modo como pensamos sobre um objeto não pode ser considerado uma de suas propriedades, tais como o são seus atributos inerentes.

É comum que filósofos da mente contemporâneos comecem suas formulações com uma rejeição de Descartes, que sucedeu o agora reabilitado Aristóteles como o transmissor da peste na filosofia. David Chalmers, no entanto, acredita que Descartes tinha certa razão, mas abordou o problema a partir da direção errada. A filosofia da mente é, para a maioria dos estudiosos, um processo de subverter suas intuições dualistas em favor de uma forma ou outra de materialismo. Somente os mais religiosos sobrevivem com suas crenças mais caras intactas — embora em geral percam com isso o respeito de seus pares. Chalmers, em contraposição, era um matemático e físico por formação, e apesar de ter inicialmente um apego sentimental ao materialismo veio a se tornar o líder reconhecido da escola Neodualista.

Chalmers vive e trabalha no deserto, na periferia de Tucson, Arizona. Ele sugeriu que realizássemos nossa entrevista ao ar livre e permaneceu de cabeça descoberta e sem pestanejar durante duas horas de conversa. Enquanto eu me encolhia atrás de óculos escuros, com um boné e uma grossa camada de protetor solar fator 20, a única proteção dele contra o sol do meio-dia no deserto era a cabeleira de poodle de um guitarrista heavy metal. "O crucial não é que a mente seja concebível sem o corpo", disse-me ele, "mas que o corpo seja concebível sem a mente — que toda essa atividade física pudesse ocorrer sem a atividade mental." Em outras palavras, ali onde Descartes procurava fantasmas, ele procuraria zumbis. O tipo de zumbi que preocupa os filósofos não é a variedade verde e carnívora retratada nos filmes de horror, mas criaturas exteriormente iguais a você e a mim. Elas parecem saudáveis e normais, têm empregos, casam-se e conduzem conversas normais, mas, sem que o saibamos, são na verdade autômatos. Não têm vida interior — nenhuma esperança, medo ou sensação —, ainda que possam falar muitas vezes como se tivessem. Poderiam até usar uma faixa Cyberlink na cabeça e o dispositivo produziria fala exatamente como se estivesse sendo usado por um indivíduo consciente. Todos eles têm os atributos físicos e o comportamento de seres conscientes, mas sem as qualidades mentais. Podemos certamente imaginar um ser que possua processos cerebrais sem ter uma vida interna que os acompanhe.

Christof Koch e Francis Crick que, com James Watson, descobriram a estrutura do DNA, salientam que grande parte do comportamento humano já é conduzido num estado semelhante ao de um zumbi.[2] Atividadedes "automáticas" como dirigir carros ou escalar rochas geralmente não envolvem pensamento, mesmo que o tenham feito quando as estávamos aprendendo. Há atividade neuronal que resulta em comportamento inteligente sem envolver deliberação consciente. De fato, certas façanhas, como tocar piano como um virtuose, em geral só podem ser levadas a cabo na medida em que *não* deliberemos conscientemente. Isso nos faz temer que, se nos tornarmos suficientemente versados em todos os aspectos de nossos empreendimentos, nossas próprias palavras e atos ficariam a cargo de um piloto automático. A consciência, ao que parece, está presente apenas para aquelas coisas na vida em que não somos realmente bons. Mas supomos que os processos envolvidos na direção consciente e não consciente ou automática de carros sejam ligeiramente diferentes. A questão filosófica é se *devem* ser diferentes, pois um verdadeiro zumbi não pensa, não importa como sejam seus processos cerebrais. A resposta depende da medida em que devamos levar a sério nossas capacidades imaginativas nesse caso.

Para o filósofo Daniel Dennett, a resposta é não as levar nem um pouco a sério. Dennett chegou à filosofia lendo Descartes quando adolescente e, acreditando que o dualismo do filósofo era errôneo, tomou para si a tarefa de mostrar por quê. Ao longo do percurso, descobriu também talentos como escultor e pianista de jazz que poderiam ter-lhe proporcionado uma carreira em qualquer dos dois campos. Está acostumado ao sucesso e durante muitos anos exasperou-se por causa de filósofos que se recusavam a ver o que lhe parecia bom senso. Hoje parece aceitar que nunca os fará mudar de idéia. Talvez tenha perdido a paciência vezes demais, pois parece ter pena de seus adversários — e também de si mesmo — por ter gasto tanta saliva com a questão. Preferiu não mencionar esses nomes quando estive com ele. Contendo-se, disse-me:

> É muito fácil para pensadores muito brilhantes mas relativamente inseguros ficar seduzidos por um pequeno conjunto de questões e simplesmente não conseguir ou não querer dar um passo atrás e perguntar se, no esquema maior das coisas, aquilo vale a pena. Chamo isso de a Regra de Hebb, em

homenagem ao grande psicólogo canadense Donald Hebb. Ele disse: "O que não merece ser feito não merece ser bem feito", e, meu Deus, se aplicássemos a Regra de Hebb, uma quantidade enorme de filosofia não seria feita.

Dennett não vê mistério algum na consciência — apenas um problema de engenharia que ele espera ser resolvido através da aplicação da ciência cognitiva. Para ele:

O problema difícil é um dos fascinantes elementos de sociologia nesse campo. É uma falácia clara de subtração. As pessoas simplesmente não estão fazendo suas somas corretamente. Elas convencem a si mesmas e aos outros de que há esse problema extra, quando simplesmente não há. Costumo contar uma história sobre o "baralho afinado". Ralph Hull, um mágico de grande reputação no começo do século XX nos Estados Unidos, tinha um truque que fazia para seus colegas mágicos, um truque para o pessoal do ramo. Ele pedia às pessoas que escolhessem uma carta, ouvia as "vibrações" do baralho e em seguida apresentava a carta. Mudava a maneira como fazia o truque a cada vez, para não descobrirem como fazia. O verdadeiro truque está na palavra "O". Eles procuravam com afinco demais. Ele os fazia pensar que havia apenas *um* truque, apenas *uma* teoria, e os levava a procurá-lo — induzia-os a pensar que havia um problema "difícil". Ora, se você pensar que consciência é apenas um saco de truques, como tenho afirmado por anos a fio — você não explica todos os truques com uma única grande explicação. Você tem de explicar as partes independentemente, porque elas não são todas iguais. E se você insistir em que, acima de tudo isso, há também o problema "difícil", tem de mostrar que tal problema existe e que a soma de todos os problemas menores não esgota a questão. Até agora, as tentativas de mostrar a existência de um problema difícil foram risíveis. Apesar disso as pessoas simplesmente se debatem e dizem: "Oh, não estou nem *tentando* enfrentar o problema *difícil*."

Dennett gosta de comparar o problema da consciência com o debate do século XIX entre os vitalistas, que acreditavam numa força vital que animava as criaturas vivas e as distinguia das coisas mortas e inorgânicas, e os mecanicistas, para quem a resposta residia em processos naturais complexos.

Imagine o vitalista dizendo: "Sim, você resolveu os problemas 'fáceis' da vida — os problemas da reprodução, da regeneração e do crescimento, do metabolismo e da variedade, mas nem tocou no problema 'difícil', que é: que é a própria vida?" Bem, se você é um vitalista, continua pensando que há um difícil problema da vida, mas não há. Quando eu traço esse paralelo, ele tem dois efeitos: em primeiro lugar, causa certa consternação em alguns crentes no problema difícil. O outro efeito é provocar, fazendo sair do armário os vitalistas dos nossos dias, que realmente querem acreditar que há um mistério da vida além de toda essa maldita biologia molecular e desse DNA. Eles querem ser vitalistas ainda. Pelo menos eu os forcei a sair do armário.

David Chalmers recusa-se a aceitar a comparação com o vitalismo, dizendo:

Penso que há algumas diferenças bastante sérias. Há esses problemas fáceis sobre a consciência: explicar todos os elementos associados com as coisas que as pessoas dizem e fazem. Depois que explicamos todos esses problemas há um problema residual: por que tudo isso é acompanhado por consciência? Em outras áreas menores, parece que, quando explicamos as funções, explicamos tudo sobre elas. No caso do problema da vida, explicar as funções, explicar os comportamentos foi sempre o problema central. Mas naquela época, 200 anos atrás, as pessoas não conseguiam ver nem mesmo como resolver os problemas fáceis. Como é que um sistema de matéria podia se reproduzir, se adaptar e se locomover? Os mecanicistas pensavam que de alguma maneira ele podia. Os vitalistas pensavam que não. Era uma questão empírica clara. Mesmo os vitalistas pensavam que era possível em princípio — podiam imaginar isso funcionando dessa maneira —, apenas não achavam que era assim que funcionava. Quando as pessoas faziam a ciência empírica, verificava-se que sistemas biológicos do tipo certo podiam desempenhar as funções de reprodução, locomoção e outras. O problema foi embora e os vitalistas simplesmente desapareceram. O que isso sugere é que até para os vitalistas o problema sempre foi explicar estrutura e função objetiva. Os problemas mais fáceis da vida eram os únicos problemas. O que acontece no caso da consciência é que há dois tipos diferentes de problema: há o problema de explicar as funções e o problema de explicar por que isso é acompanhado de consciência.

Eu sugeri que água e H_2O talvez fossem uma analogia mais apropriada que vida e matéria. Poderíamos imaginar a água tendo uma constituição molecular diferente de H_2O, mas os físico-químicos nos dizem que nenhuma outra configuração funcionaria exatamente da mesma maneira para dar todas as propriedades precisas da água comum. Nem a água "pesada" (D_2O), em que os dois átomos de hidrogênio são substituídos por deutério, partilha todas as propriedades macroscópicas da água ordinária (é cerca de 10% mais pesada que H_2O). Para o professor Chalmers, isso não melhora em nada a questão:

> Em todos os outros domínios afora a consciência, obtemos algum tipo de explicação redutiva, e temos essa maravilhosa cadeia de explicação da física para a química para a biologia para a psicologia, finalmente para a economia e assim por diante. Um nível parece ser em princípio capaz de explicar o que está no nível seguinte, sem resíduo. Encontramos isso com H_2O e água. Mas há os aspectos físicos e os aspectos percebidos da liquidez, assim como com o calor e a luz. A física não os explica exatamente, porque eles são em última análise propriedades da consciência, e não podemos explicar por que a consciência é como é. A mecânica fluida da água pode ser completamente explicada com uma história microquímica, mas ainda não conseguiremos explicar por que *sentimos* o calor ou a umidade da maneira como sentimos.

A idéia de que elementos da mente devem estar além do alcance da ciência, como se a consciência exigisse uma nova física, tem uma história breve mas famosa. Frank Jackson — outro filósofo australiano — imaginou a história de "Mary, a neurocientista".[3] Mary é especialista na percepção de cores. Sabe tudo que a ciência poderia algum dia nos dizer sobre o que se passa no cérebro e no sistema nervoso de uma pessoa quando ela experimenta cores. No entanto, Mary conduz sua pesquisa numa cela onde cumpre pena de prisão perpétua — um compartimento preto-e-branco, com uma televisão preto-e-branco e um computador com monitor monocromático. Nunca em sua vida viu um objeto colorido. Segundo a história, por mais que compreenda a física e a neuroquímica da cor, há alguma coisa que não compreende sobre a vermelhidão até que saia da sala e veja uma rosa com seus próprios olhos pela primeira vez. Há portanto algo na experiência perceptual consciente que não pode ser apreendido na linguagem em terceira pessoa da ciência. Os filósofos chamam essas entidades de *qualia*. O próprio Dennett descreve os *qualia* como "as almas das experiências" — e as rejeita como o faz com as supostas almas dos seres humanos. Ele considera Mary, a cientista das cores,

> Uma provocadora clássica da "síndrome dos filósofos": confundir uma deficiência da imaginação com uma percepção de necessidade. O que acontece é que o experimento mental não vai ao cerne da questão. Pois se Mary já pudesse compreender *tudo* sobre cor, *e se* o materialismo-reducionismo for verdadeiro, e propriedades de uma ordem mais elevada puderem ser captadas a partir de propriedades de nível mais baixo — nesse caso ela realmente saberá acerca das experiências subjetivas associadas à vermelhidão. Afirmar que ela ficará de fato surpresa é afirmar, simplesmente, que o materialismo-reducionismo não é de fato verdadeiro, que propriedades de nível mais elevado não podem ser captadas assim.

Chalmers afirma que consciência é um caso especial, uma exceção ao reducionismo que teve tanto sucesso nas ciências, e sua intuição exige respeito em razão de seu amplo conhecimento da neurociência materialista. O entusiasmo de alguns "neodualistas" se deve menos ao fato de não estarem convencidos do progresso recente nas ciências cognitivas que por simplesmente não gostarem desse progresso. Isso não poderia ser dito de seu porta-estandarte, Chalmers, que concorda que já conhecemos algumas facetas do trabalho do pensamento e sabemos a que estados cerebrais estão correlacionados, mas sustenta apesar disso que, mesmo nessas áreas limitadas de progresso, não temos nenhuma idéia de por que eles deveriam estar assim correlacionados. Dennett não considera isso surpreendente:

> Nossa relação embaraçada com os avanços científicos remonta a Copérnico — afinal de contas, continua parecendo que o Sol se move. Aprendemos, contudo, a não dar crédito a essa aparência. Mas em certo sentido isso não nos entusiasma, mesmo que esteja demonstrado. Há outras intuições assim. Uma é a "intuição do zumbi": que quando expomos a consciência do ponto de vista da terceira pessoa resta este problema — o problema dos zumbis. Quando consideramos as definições propostas, elas parecem ridículas. A idéia de que zumbis são possíveis é risivelmente ruim, mas as pessoas não conseguem livrar-se dela. Não conseguem descartá-la mesmo sabendo que não têm nenhum bom argumento a seu favor. Posso perceber a intuição do zumbi tão bem quanto qualquer um, só que aprendi a não dar crédito a esse impulso e a vê-lo como algo a que devemos resistir com um sorriso sempre que nos sentimos compelidos a afirmá-lo. David admite que não tem argumentos em favor de sua conclusão de que zumbis são possíveis, que isso é apenas uma diferença irracional entre nós dois. Eu digo a ele que, se admitimos que raciocínios não desempenham um papel aqui, quem sabe eu poderia sugerir uma terapia? Se ele tem um problema que a razão não atinge, talvez um comprimido ou exercícios ajudem. Tentamos argumentar, tentamos fazer humor, tentamos espantar essas idéias à força de brincadeiras, depois dizemos simplesmente: bem, sinto muito por você. Que mais podemos fazer?

Fazendo uma voz boba, Dennett acrescentou: "Deveríamos estar mais dispostos a alimentar a idéia de que algumas de nossas *convicções mais profundas* são apenas essas coisas que ficam grudadas em nossas cabeças e não podem ser removidas facilmente. Certamente não vamos basear uma ciência no fato de termos essa esquisitice na cabeça."

De fato, é exatamente de alguma coisa nessa linha que Chalmers gostaria, pois ele acredita que a solução do problema da consciência requer um novo salto do pensamento. Como ele diz:

> Minha própria idéia é que temos de compreender a consciência como algo irredutível, da mesma maneira como um físico considera o espaço irredutível — isto é, ainda compreendemos o espaço, mas não o explicamos em termos de coisa alguma mais básica que ele mesmo. Ninguém diria: "Não compreendemos o espaço, não compreendemos o tempo." Nós os tomamos como irredutíveis, mas ainda assim temos teorias sobre eles. O modo como a ciência da consciência deve proceder é mais ou menos o mesmo: admitir que ela é uma entidade irredutível e começar então a construir teorias sobre ela.

Objetei que o espaço é um dado primeiro — não precisamos ter nada de antemão para tê-lo, ao passo que a consciência dificilmente poderia ser vista como um dado primeiro, uma vez que requer cérebros e sistemas nervosos complexos.

Chalmers respondeu que nem de longe está claro que tal aparelhagem seja essencial. Ele me assegurou:

> Não sabemos onde a consciência está. Há aquele famoso problema das outras mentes — não posso olhar dentro da sua mente e ver se você é consciente. Não posso olhar dentro da mente de um cão e ver se ele é consciente. Não posso olhar dentro da mente de uma *mosca* e ver se ela é consciente. Faço levantamentos entre meus alunos de tempos em tempos — a maioria deles está bastante convencida de que cachorros são conscientes. Com camundongos, ainda é a maioria, e com moscas cerca de 50%. Não é totalmente improvável que a consciência esteja profundamente inserida na ordem natural. Sou um agnóstico quanto a isso, mas não descarto o fato de que a consciência se assenta num nível bastante fundamental da realidade física, tal como o espaço. Poderia haver algum tipo de dado primeiro comum, por assim dizer, na física e na consciência. Uma idéia de que Bertrand Russell gostava muito é que a

natureza intrínseca da própria física não nos é revelada — só nos é revelada a partir de fora como uma rede de relações: por exemplo, uma partícula causa esta outra partícula, massa é algo que resiste à aceleração de várias maneiras, e assim por diante. No entanto, a natureza *intrínseca* do mundo físico é qualquer coisa que queiramos. Russell tinha atração pela idéia de que essa natureza intrínseca podia ter ela própria uma relação muito profunda com a consciência. Quero dizer, o que é a natureza fundamental, intrínseca, de um elétron ou próton? Talvez haja consciência até esse nível. Sabemos pela física que elétrons podem estar numa posição ou noutra, ou podem ter um tipo de massa ou outro, mas, nessa hipótese, eles têm naturezas intrínsecas muito específicas que não nos são reveladas pela maneira como aparecem vistos do exterior. Tudo tem um interior e um exterior, uma natureza intrínseca e uma natureza extrínseca. Nessa hipótese, a natureza intrínseca tem algo a ver com consciência. As coisas precisam ter algum tipo de natureza intrínseca, e talvez seja algo como *isso*. E nesse caso, no tipo correto de configuração, elas dão origem à consciência. Isso não é uma teoria, é apenas um modelo ou uma estrutura para uma teoria, a idéia da consciência ou protoconsciência como irredutível lá no nível fundamental da ordem natural, e então a questão é como se passa disso para o tipo de características familiares da consciência que conhecemos e amamos?

Isso estava soando como a idéia do "pampsiquismo", segundo a qual a mente é um traço fundamental do universo. Para o pampsiquismo, cada árvore, cada seixo, cada partícula de poeira tem um aspecto mental, uma vida interior, por mais simples e monótona que seja. Chalmers prefere chamar sua posição de "pamprotopsiquismo". A diferença entre as duas coisas, diz ele, é que

Sob o pampsiquismo, todas as coisas são conscientes até o nível subatômico — ser um elétron ou próton é sentir-se de alguma maneira. Não quero dizer que isso é completamente maluco, embora seja certamente esquisito e contrário ao senso comum. Mas a outra possibilidade é uma propriedade que, embora não seja intrinsecamente consciência, constitui coletivamente consciência no tipo correto de sistema. Ela poderia estar para a consciência como a protovida está para a vida ou um processo físico básico está para a vida. A questão é como seria isso, e a resposta é que ninguém tem a menor idéia. Uma maneira de pensar sobre isso é que temos consciência complexa de cor, e por isso podemos reduzi-la a matiz e saturação, que não são diretamente experimentados mas são componentes de uma experiência. Podemos decompor mais e mais as experiências em componentes básicos, até chegar a um nível que está sob a superfície da consciência — não diretamente experimentado em nossa consciência exceto como uma grande acumulação. É possível que essas coisas sejam consideradas individualmente no fundo da ordem natural de uma maneira que não diríamos corresponder a nada na consciência. Elas corresponderiam antes a algo como protoconsciência.

Chalmers considera o pampsiquismo tão atraente porque ele serve de ponte para a lacuna conceitual percebida entre o caráter dos processos cerebrais e o das experiências conscientes com que supostamente estão correlacionados. O problema deixa de ser o surgimento da consciência a partir de constituintes não conscientes para ser como uma forma de consciência surge de outra. Chalmers qualifica isso de uma imagem de mundo "estranhamente bela". Lamentavelmente, é também uma imagem tão distante do que compreendemos da física e da biologia que é quase pura fantasia. O fato de o pampsiquismo ter-se tornado o último reduto do dualista mostra que essa espécie tenazmente perseguida foi forçada a ocupar os nichos mais hostis, mais implacáveis do ambiente intelectual contemporâneo. Pelo menos sabemos quais são as opções no que diz respeito à consciência: ou bem ela é derivável de quantidades de ordem inferior, ou "penetra até o fundo" e é uma propriedade básica da matéria.

Qualquer dificuldade em conciliar mente e matéria não deveria nos empurrar para a solução pampsiquista, porque a experiência de perplexidade não se limita aos nossos confrontos com cérebros. Alguns de nós nos sentimos perplexos quando olhamos o interior de um aparelho de som ou sob o capô de um carro. Não posso compreender como esses objetos funcionam porque não sei o suficiente sobre sua tecnologia. Mas se eu obtivesse um diploma em mecânica ou em engenharia de som, acredito que saberia muito bem como um carro anda ou um aparelho de som produz música. Dado o conhecimento limitado que a ciência atual tem do cérebro, pode ser difícil ver como um pedaço de tecido orgânico pode dar origem à maravilha da experiência consciente. Cérebros são objetos silenciosos, não enfeitados com luzes cintilantes ou crepitações de eletricidade azul correndo através de suas superfícies. No entanto, não pode ser difícil demais, pois a visão materialista da mente tornou-se tão amplamente aceita que o debate entre dualismo e materialismo só tem lugar hoje nas fímbrias da filosofia. Talvez a mídia não passe essa impressão, porque ela precisa apresentar dois lados de todos os assuntos para que haja algum debate. Quando ouvimos um programa de rádio em que metade do tempo de transmissão cabe a alguém que defende o terrorismo, não sabemos o quanto foi difícil para os pesquisadores encontrar esse porta-voz. A opinião dominante sobre a mente e a matéria é mais bem representada pelos comentaristas do livro de Francis Crick sobre como o cérebro cria a mente. Eles discordaram do título escolhido pelo grande biólogo. O problema com *The Astonishing Hypothesis*, alegaram, era que não havia nele nada de assombroso.

PARTE II

QUE SEI?

5

O PROBLEMA DO CONHECIMENTO

"Comigo surge sempre a dúvida horrível de se as convicções da mente humana, que se desenvolveu a partir da mente dos animais inferiores, têm algum valor ou são dignas de alguma confiança. Alguém confiaria nas convicções da mente de um macaco, se houvesse alguma convicção em tal mente?"

Charles Darwin

"Conhecer os pensamentos de alguém requer uma investigação isolada das condições que tornam o julgamento possível, tanto quanto conhecer o que alguém percebe."

Tyler Burge

"Como sabemos, há sabidos sabidos. Há coisas que sabemos que sabemos. Sabemos também que há não-sabidos sabidos. Isto é, sabemos que há coisas que não sabemos. Mas há também não-sabidos não sabidos, aqueles que não sabemos que não sabemos."

Donald Rumsfeld

O FILME HOLLYWOODIANO *Matrix* imagina um futuro em que os seres humanos foram escravizados por máquinas. Do nascimento à morte, eles dormem presos em sacos, alimentados por meio de tubos e lavados por robôs. Enquanto dormitam, acreditam que têm empregos e famílias normais, mas de fato suas vidas são conduzidas numa simulação computadorizada da realidade dos Estados Unidos no final do século XX. Por razões conhecidas somente pelas máquinas, é melhor que todos os seres humanos ocupem essa aproximação o mais fiel possível da Utopia — os ignorantes cidadãos do Terceiro Mundo virtual sendo presumivelmente recortes de cartolina *high-tech*. A simulação é tão detalhada e fiel que ninguém desconfia que não vive no mundo físico. Todos têm hobbies virtuais e relacionamentos virtuais e, como um personagem observa, os bifes na Matrix são tão gostosos quanto os de verdade (não que ele tenha algum dia provado um de verdade). Uma fantasia paranóide como essa ainda pode ser o destino da humanidade. Há uma teoria segundo a qual a Seti (Search for Extra-Terrestrial Intelligence, ou Busca de Inteligência Extraterrestre) não conseguiu detectar até agora qualquer sinal de uma civilização fora da Terra não porque culturas suficientemente avançadas mais cedo ou mais tarde se destruam em guerras, mas porque elas optam por passar seu tempo num paraíso de realidade virtual assim que descobrem como inventá-lo. Ligando-se a uma realidade virtual projetada por eles mesmos, esses extraterrestres são capazes de deixar para trás as frustrações inevitáveis da vida no mundo natural e de existir livres da dor e da morte. O período em que eles estariam transmitindo sinais duraria do momento em que inventam o rádio até o desenvolvimento de tecnologia capaz de tornar experiências virtuais pelo menos tão boas quanto as reais — digamos, 150 anos. A idéia de que a vida na Matrix pode afinal não ser assim tão má é consoladora, porque, segundo um pensador, talvez já estejamos nela.

O filósofo sueco Nick Bostrom imagina que a chance disso é em torno de uma em cinco.[1] Ele vê três possibilidades para o futuro da humanidade: ou seremos extintos antes da era "pós-humana" em que seríamos capazes de criar a Matrix, ou nos recusaremos a criar um número significativo de pessoas simuladas quando chegarmos a ela, ou já estamos vivendo na Matrix. Esta última possibilidade depende da perspectiva de que o poder de computação continue a crescer até que verdadeira inteligência artificial tenha sido criada, o que Bostrom considera muito provável. Isso pode ser contestado logo de saída, mas o filósofo está acostumado a fazer previsões, tendo trabalhado como conselheiro da União Européia sobre pesquisa científica e da CIA sobre riscos de segurança a longo prazo. Nascido em 1973, Bostrom é muito jovem para ser um filósofo respeitado. Um dia, aos 15 anos, sentindo-se entediado, entrou na biblioteca local e pegou um livro ao acaso: *Assim falou Zaratustra*, de Friedrich Nietzsche. A leitura transformou sua atitude em relação à escola e durante os anos da graduação ele fez três cursos de horário integral simultaneamente. Hoje, passa seu tempo filosofando sobre um futuro "trans-humano" em que a inteligência das máquinas teria sobrepujado em muito a de seus criadores e em que os seres humanos fundiram-se com sua tecnologia e fizeram o upload de suas consciências para computadores digitais. Esses interesses lhe valeram mais aparições na mídia dominante nos últimos anos que qualquer outro filósofo vivo, com exceção de Peter Singer e Noam Chomsky.

Bostrom sustenta que quando formos capazes de simular consciência, poderemos decidir simular mundos para serem habitados por mentes artificiais, e poderíamos até situá-las dentro de recriações da história humana sem que elas soubessem. Em tal futuro, a maioria das mentes poderia pertencer não a criaturas de carne e osso como nós, mas a indivíduos digitais que viveriam em mundo artificiais. O trabalho de construir o mundo artificial poderia ser facilitado se lhe fossem fornecidas somente aquelas partes sobre as quais seus habitantes precisam ter conhecimento. Por exemplo, a estrutura microscópica do interior da Terra poderia ser deixada em branco, pelo menos até que alguém decidisse cavar na profundidade necessária, caso em que os detalhes poderiam ser rapidamente preenchidos como requerido. Se as estrelas mais distantes são obscuras, ninguém jamais se aproximará delas o bastante para perceber que falta alguma coisa. Outros filósofos sugeriram até que a indeterminação quântica é uma característica da resolução limitada de nosso mundo simulado. E como podemos discernir se nosso próprio mundo é real ou simulado? É uma simples questão de probabilidade. Se um dia todos os usuários de computador tivessem uma simulação como essa rodando em suas máquinas, a razão de simuladores para pessoas "reais" poderia ser de um bilhão para um. Bostrom nos diz:

> Se a probabilidade fornece alguma orientação para a crença racional, talvez
> valha a pena também refletir que, se todas as pessoas tivessem de apostar se

estavam numa simulação ou não, e se usassem o princípio fraco da indiferença, e conseqüentemente apostassem seu dinheiro na possibilidade de ser uma simulação por saber que esse é o palpite de quase todos, quase todo mundo ganharia. Se apostassem que não era uma simulação, quase todo mundo perderia.[2]

Supondo que um dia sejamos capazes de criar mentes e mundos artificiais — e supondo que tenderemos a criar muitas simulações da história humana —, a vasta maioria dos seres conscientes que viverão algum dia jamais porá o pé no mundo físico. É muito provável que qualquer pessoa — inclusive nós mesmos — esteja entre eles.

Bostrom acredita que, como ignoramos o objetivo de nosso mundo simulado, não faz sentido tentar agradar seu programador. Outros sugeriram, no entanto, maneiras pelas quais poderíamos tentar fazer isso. O economista americano Robin Hanson aconselha: "Se é possível que você esteja vivendo numa simulação, então tudo o mais sendo igual você deveria se preocupar menos com os outros, viver mais para o dia de hoje, dar a seu mundo maior probabilidade de enriquecer, esperar e tentar participar mais de eventos decisivos, ser mais divertido e louvável."[3] Caso os gostos de nossos descendentes divirjam dos nossos:

> Deveríamos enfatizar características amplamente aceitas das histórias de entretenimento. Ser engraçados, escandalosos, violentos, sexy, estranhos, patéticos, heróicos... numa palavra, "dramáticos". Ser um mártir poderia até ser uma coisa boa para você, caso torne sua história tão atraente que outros descendentes venham também a querer [simular] você... Se nossos descendentes representarem por vezes papéis em suas simulações, se tiverem mais tendência a representar pessoas mais famosas, e se tenderem a encerrar as simulações quando não estiverem se divertindo, você deveria tomar cuidado para manter as pessoas famosas felizes, ou pelo menos interessadas. E se for mais provável que eles mantenham em sua simulação as pessoas que acham mais interessantes, você deveria tentar continuar sendo pessoalmente interessante para as pessoas famosas à sua volta.[4]

Platão foi o primeiro a sugerir a idéia de um mundo virtual no século IV a.C. O filósofo grego comparou o domínio físico a uma caverna em que as pessoas estariam acorrentadas, de costas para a entrada. Tendo passado suas vidas inteiras sendo capazes de ver apenas as sombras projetadas na parede do fundo da prisão por quem passava na frente da caverna, elas tomam essas formas hesitantes pelos seres humanos reais. Segundo Platão, o mesmo se passa com nossas percepções habituais, à medida que vemos à nossa volta apenas os reflexos cambiantes de um domínio mais elevado. Não seria possível ter "conhecimento" do mundo físico, uma vez que só poderíamos verdadeiramente *conhecer*, afirmou ele, aquilo que fosse verdadeiramente real. Os objetos "verdadeiramente reais" eram eternos e imutáveis, assemelhando-se muito a números ou a um conceito como "Ouro", que devia ser distinguido das ocorrências mundanas imperfeitas de ouro. O plano em que essas entidades perfeitas residiam estava fora do alcance de nossos olhos e ouvidos. Apesar disso, Platão assegurou que ele podia ser explorado com o poder da razão. O filósofo francês René Descartes expressou uma mensagem semelhante no século XVII. Imaginou um "demônio maldoso", que fosse capaz de construir um ambiente inteiramente fictício à nossa volta, tal que todas as nossas crenças seriam errôneas. Novamente a razão poderia vir em nossa ajuda: bastaria que pudéssemos estabelecer a existência de Deus como uma verdade necessária, e depois esse cerne de conhecimento confirmaria as nossas crenças comuns acerca do mundo à nossa volta. Descartes pensava que qualquer percepção suficientemente "clara e distinta" teria de ser verdadeira, porque, diferentemente do demônio, Deus não nos induziria em erro nessas crenças que parece tão ávido por nos impor. Como não é de surpreender, não se provava mais fácil demonstrar de maneira indubitável a existência de Deus que a de mesas e cadeiras. Também o "domínio mais elevado" de Platão é matéria de especulação, não um objeto de conhecimento.

Em 1787, Immanuel Kant escreveu que "continua sendo um escândalo para a filosofia e para a razão humana em geral que a existência de coisas fora de nós ... deva ser aceita meramente *por fé*, e que, se alguém decidir duvidar da própria existência, sejamos incapazes de rebater suas dúvidas mediante alguma prova satisfatória".[5] Dois séculos depois, esse "escândalo" ainda está por ser resolvido, mas pode-se dizer que a sociedade filosófica tornou-se mais permissiva desde os dias de Kant. A possibilidade sempre presente de erro não é mais considerada suficiente por si mesma para ameaçar nossas pretensões ao conhecimento. Embora ainda não possam provar que o "ceticismo" é falso e que o mundo exterior é real e não uma ilusão, os filósofos demonstraram que o conhecimento é ao menos possível. A maioria deles não mais procura fundamentos indubitáveis, como a existência de Deus, sobre os quais reconstruir a superestrutura de nosso entendimento. Baixar nossas aspirações dessa maneira não é uma derrota calamitosa se superarmos a noção de que, para que se possa dizer que sabemos alguma coisa, precisamos também saber que a sabemos. Foi essa suposição que guiou os filósofos numa busca infrutífera que durou 2.500 anos.

Platão estabeleceu as regras para a procura com sua concepção "tripartite" do conhecimento. Exigia, em primeiro lugar, que a proposição em questão fosse verdadeira; em segundo, que acreditássemos nela; e em terceiro, que pudéssemos fornecer uma justificação para nossa crença. Esta última condição era necessária para diferenciar o conhecimento real da mera "crença verdadeira" — isto é, uma opinião sem fundamento que por acaso é correta. O conhecimento não pode ser deixado ao acaso, e tampouco podemos permitir que a verdade seja alcançada por um palpite feliz. A crença verdadeira assemelha-se ao conhecimento e em muitos casos pode ser tão útil como a coisa real, mas Platão afirmou que ela carece da âncora estabilizante que a justificação fornece. Essa instabilidade foi demonstrada na conduta do líder político Ânito. Embora partilhasse com o mestre de Platão, Sócrates, uma antipatia pelos gurus pagos conhecidos como sofistas, Ânito era, diferentemente de Sócrates, incapaz de dar uma boa razão para essa opinião. Suas desconfianças eram corretas e protegiam sua bolsa da charlatanice dos sofistas, mas em última análise baseavam-se em preconceito. Sendo irracionais, seus julgamentos de caráter não eram confiáveis, e acabaram por levá-lo a indiciar Sócrates por corrupção de jovens e condenar o filósofo à morte. Segundo Platão, crenças sustentadas sem razão tendem a se comportar como as estátuas de Dédalo — pareciam tão reais que fugiam durante a noite. Platão estava empenhado em "prender" a verdade no lugar. Para conseguir isso, o estado mental de possuir conhecimento precisava espelhar seus objetos: assim como estes eram eternos, perfeitos e imutáveis, nosso conhecimento deles devia ser inabalável e definitivo. O problema era pois decidir o que constitui uma justificação boa o bastante para se *saber* que alguma coisa é verdadeira.

Lamentavelmente, as crenças muitas vezes são verdadeiras por puro acaso, mesmo que sejam justificadas. Imaginemos que estou esperando os resultados das eleições presidenciais de 2004 nos Estados Unidos e vejo o locutor de um noticiário de televisão anunciar a vitória de George Bush. Acredito, portanto, que o candidato republicano venceu as eleições, e ele de fato o fez. Mas, sem que eu soubesse, quando passei para o canal de notícias, este estava realmente exibindo um vídeo antigo sobre a vitória de George Bush pai em 1988. Minha crença na vitória de Bush Jr. é tanto verdadeira quanto justificada, mas, sendo o resultado de um mal-entendido acidental, não pode ser considerada conhecimento. Para usar um exemplo diferente, tenho um relógio de pulso que sempre marcou a hora certa. Certa tarde consulto-o e vejo que são 4h30. São realmente 4h30, e minha crença nisso é verdadeira, além de se justificar quando recorro também a meu relógio de mesa. No entanto, meu relógio de pulso na verdade está quebrado: havia parado às 4h30 daquela manhã e foi por puro acaso que o consultei exatamente às 4h30 da tarde. Tenho uma crença justificada sobre que horas são, mas seria estranho descrever isso como conhecimento, já que, após consultar meu relógio de pulso, eu teria acreditado que eram 4h30 fosse qual fosse a hora certa.[6]

Seria possível contestar que crenças como essas não poderiam realmente ter-se justificado permanentemente, já que nossas razões para tê-las provaram-se errôneas. Mas se eliminarmos o caráter subjetivo das justificações e exigirmos que elas sempre atestem a verdade, ficaremos sem saber coisa alguma, já que raramente possuímos provas indubitáveis para nossas crenças. O problema com todas as expressões de justificação é que elas dizem respeito à relação entre nós mesmos e nossas crenças, ao passo que precisamos é de uma expressão da conexão entre nós mesmos e os fatos do mundo. Justificações cada vez mais elaboradas poderiam nos tornar mais seguros sobre nossas crenças, mas isso de nada adiantaria se não fossem verdadeiras. O filósofo norte-americano Alvin Goldman afirmou que o conhecimento depende tanto do que se passa na cabeça como da relação disso — a relação causal — com o que se passa no mundo. Segundo ele, se quisermos levar o conceito de conhecimento para a alçada das ciências naturais, de modo que ele tenha lugar ao lado de quantidades bem compreendidas como tabelas, genes, cores e temperaturas, deveríamos encará-lo como uma relação natural entre o mundo externo e a mente cognoscitiva. Desde então Goldman passou 40 anos refinando sua abordagem a essa tarefa, embora tenha me assegurado por telefone que tem muitos interesses "fora da filosofia" e listado "ciência cognitiva, neurociência, psicologia social, teoria política, direito"; depois acrescentou: "Ah, e esportes." Em 1967, ele propôs que conhecemos alguma coisa quando nossa crença está causalmente relacionada com seu objeto.[7] As teorias causais estavam em grande moda na década de 1960 e eram aplicadas a assuntos como percepção, memória e ação. Goldman escreveu sua dissertação sobre esta última, contestando os filósofos que sustentavam que as razões para uma ação eram fundamentalmente diferentes das causas desse comportamento. Em seguida, decidiu aplicar o mesmo pensamento ao problema do conhecimento. Na época, fazia-se uma nítida distinção entre os problemas de como justificar nossas crenças e as chamadas "questões de descoberta". Estas diziam respeito ao modo como chegávamos a uma idéia ou uma crença, e eram incluídas na categoria da psicologia e não da filosofia. Segundo a visão dominante, os mecanismos mentais que levavam alguém a certa crença nada tinham a ver com as questões de justificação, que eram do interesse do estudo do conhecimento.

Goldman nos pediu para supor que um geólogo percebe depósitos de lava solidificada em torno de uma área na zona rural e se convence de que uma montanha próxima devia ter entrado em erupção muitos séculos antes. Supondo que esse evento vulcânico tivesse realmente ocorrido, essa crença é ou não um conhecimento dependendo do processo causal que a induziu. Se há uma cadeia causal ininterrupta entre a erupção e a percepção da lava pelo geólogo, ele *sabe* que a montanha entrou em erupção. Suponhamos, alternativamente, que em algum ponto entre a erupção e a percepção do geólogo, uma companhia mineradora removeu toda a lava. Cem anos depois, alguém que ignora a erupção decide, seja lá por que razão, espalhar lava em torno da área para dar a impressão de que um vulcão entrara em erupção ali outrora. Nesse caso, a cadeia causal foi quebrada. A crença do geólogo não é conhecimento porque o fato da erupção não foi a causa de sua crença de que o vulcão cuspira lava.

A explicação de Goldman foi a primeira teoria do conhecimento "externalista" — assim chamada porque o que faz de uma crença um conhecimento é em parte algo externo à mente. Outro aspecto do externalismo na teoria do conhecimento é a fidedignidade ou não das operações mentais usadas na formação de uma crença. Segundo o externalismo, essa fidedignidade é essencial para que uma crença possa se qualificar como conhecimento. Mas as pessoas podem não saber por meio de que operações mentais suas crenças se formam, ou se essas operações mentais são confiáveis. Muitas vezes essas pessoas parecem saber coisas sem ser capazes de dizer como as sabem. Talvez um participante do programa de televisão *Who Wants to be a Millionaire?* tenha uma forte impressão de que Lima é a capital do Peru, embora tenha esquecido por completo como obteve essa informação. Apesar disso, tem tanta convicção de que é assim, que se dispõe a apostar 500 mil libras nisso. Parece injusto julgar que ele realmente não *conhece* a resposta só porque não consegue se lembrar de ter lido isso uma vez na *Encyclopaedia Britannica*. Ele não é capaz de fornecer nenhuma justificação para sua crença, mas ela tampouco é fruto de pura sorte. Mesmo quando nenhuma justificação pode ser desencavada, se a "sorte" vem em abundância e com suficiente freqüência, podemos suspeitar que há mais do que coincidência em jogo, pois ele pode ter um processo confiável gerando suas crenças sem se dar conta disso.

Segundo o filósofo norte-americano Fred Dretske e a maioria dos donos de bichos de estimação, pode-se dizer que animais como gatos e cães possuem conhecimento — mesmo que justificações sofisticadas para suas crenças possam nunca passar por suas mentes animais. Se caninos não precisam ter uma apreensão consciente de seus métodos, os seres humanos também não. Ele explica:

> Se um animal herda um mecanismo gerador de crenças perfeitamente confiável, e herda também uma disposição, se tudo permanece igual, a *agir* com base na crença assim gerada, que benefícios adicionais são conferidos por uma justificação de que as crenças estão sendo produzidas de maneira confiável? Se não há benefícios adicionais, para que serve essa justificação? Por que deveríamos insistir em que ninguém pode ter conhecimento sem ela?[8]

Não é fácil caracterizar os processos "confiáveis" de que Goldman e Dretske falam. No primeiro exemplo, minha crença na vitória republicana em 2004, embora verdadeira, não foi causada pelo objeto dessa crença — a saber, George W. Bush, o então governador do Texas —, mas pela vitória de seu pai em 1988. No entanto, o resultado de 2004 pode ter sido a causa de minha crença se foi a vitória de George Bush Jr. que levou o canal de televisão a mostrar novamente um vídeo sobre a eleição de seu pai. Nesse caso, há uma cadeia causal direta da vitória de George Bush Jr. à minha crença sobre o presente; apesar disso, minha crença ainda não seria conhecimento porque haveria muita sorte envolvida. Ao que parece, não é qualquer relação causal que funciona. Se eu soubesse que estava assistindo a uma reprise, não teria formado a crença de que George W. Bush vencera as eleições; assim, talvez só devamos dizer que possuímos conhecimento quando nenhuma outra informação teria podido nos fazer mudar de idéia se tivéssemos topado com ela por acaso. Obviamente eu teria mudado minha idéia sobre a hora se soubesse que meu relógio havia parado.

No entanto, as coisas podem ficar confusas quando perguntamos simplesmente que mais precisamos saber para possuir verdadeiro conhecimento. Por exemplo, eu poderia ler no jornal que o presidente havia sido assassinado.[9] A notícia, vamos imaginar, é correta, mas se eu tivesse lido algum outro jornal naquele dia, ou assistido à televisão, ou ouvido rádio, teria tido a impressão de que o presidente sobrevivera, porque seus auxiliares haviam tratado de difundir a notícia de que seu chefe estava vivo e passando bem. Por puro acaso, minha fonte de informação exclusiva era a única que publicava a verdade. Talvez tivesse sido sorte minha não ver a notícia falsa que enganara todas as outras pessoas, mas e se existisse uma notícia falsa que tivesse sido gravada mas nunca transmitida? Ou se essa notícia falsa tivesse sido concebida por um dos assessores do presidente, mas nunca discutida com seus colegas? Em certo sentido, teria sido sorte minha que essa notícia falsa nunca tivesse se materializado. Mas e se nunca tivesse havido esse assessor? Teria eu tido "sorte'" porque, se tivesse havido, eu teria acreditado em suas mentiras? Parece que somente por "sorte" podemos formar uma crença verdadeira, não importa que processo nos leve a isso.

As idéias de Goldman foram adaptadas por Robert Nozick, o homem às vezes citado após sua morte em 2002 como o filósofo favorito do presidente Ronald Reagan por sua idéia de que a chamada "justiça social" é incompatível com a liberdade. Um libertário, Nozick mostrou que qualquer subsídio estatal para certo grupo custeado por imposto acarreta nada menos que trabalho forçado para nós outros a fim de pagar por ele. Ele era filho de imigrantes russos que tinham vindo para os Estados Unidos a fim de evitar exatamente essa perspectiva e, a partir de uma infância pouco promissora como um menino nervoso e com excesso de peso criado no Brooklin, tornou-se um dos mais importantes filósofos do mundo. Parecendo um Gregory Peck de bastas sobrancelhas e vestindo um suéter de gola rulê, foi também, na opinião geral, o mais bonito. Nozick abandonou o pensamento político cedo em sua carreira para se concentrar em áreas mais abstratas da filosofia, como a questão do conhecimento. Concordava que alguns vínculos causais eram arbitrários demais para sustentar o conhecimento. Era favorável ao acréscimo de uma condição extra: sabemos alguma coisa se e somente se é algo em que *não teríamos acreditado se fosse falso*. Nossas crenças devem ser muito sensíveis a mudanças no terreno da verdade para que sejam consideradas conhecimento. Imaginemos um pai que se recusa a acreditar que o filho é culpado de um crime terrível, e depois é justificado quando a inocência é completamente provada num tribunal. O pai não "sabia o tempo todo" verdadeiramente que o filho era inocente: mesmo que o veredicto tivesse sido o contrário, ele não teria passado a acreditar que o filho era culpado. Sua crença assentava-se em fé, não em provas. Segundo Nozick, a fé revela-se um método ruim para se chegar a crenças verdadeiras, pois é completamente insensível a mudanças de circunstância. Na sua terminologia, a fé não "segue a pista da verdade". Mesmo que os fatos mudem, a fé permanece imutável.

Nozick se pergunta se, quando as pessoas ficam mais velhas e mais à vontade com suas idéias, elas deixam de ser sensíveis aos fatos e seus estados cognitivos se transformam de conhecimento em crença. Mesmo que os velhos sejam mais sábios e possuam mais verdades, ele reflete, talvez sejam os jovens que têm conhecimento. Por outro lado, a sensibilidade à verdade pode ser medida ao longo de períodos maiores. Talvez as leis da seleção natural tenham favorecido mentes cujas crenças acabam se calcificando, considerando ser essa a melhor maneira de assegurar uma relação de longo prazo com os fatos. É possível também que, ao contrário, nos tornemos *super*sensíveis, terminando como ruínas nervosas que não conseguem acreditar em coisa alguma. Sensibilidade à verdade não significa fragilidade. Os mais sensíveis não são necessariamente os mais propensos a mudar de idéia à mais ligeira provocação. Os mansos não herdarão a verdade, assim como não herdarão a terra. Ser sensível à verdade pode significar ser extremamente *insensível* a ruído de fundo e outras irrelevâncias. Enquanto para Platão era a justificação de nossas crenças que prendia as "estátuas de Dédalo" ao solo e nos ligava à verdade, para os externalistas, como Nozick, acreditar em certos tipos de coisas é uma propensão natural, herdada em razão de nossas necessidades evolucionárias.

Alguns filósofos objetam que um processo evolucionário não produziria em realidade nada desse tipo, porque está moldado para assegurar não que nossas crenças sejam verdadeiras, mas que elas nos permitam sobreviver e reproduzir melhor. É com base nisso que o pensador cristão Alvin Plantinga nega a possibilidade de ser "um ateu intelectualmente satisfeito". Embora lecione atualmente na Universidade Notre Dame, em Indiana, que é católica, Plantinga é um calvinista que abandonou uma generosa bolsa de estudos em Harvard para estudar no Calvin College, onde se graduou em 1954. Como o mais eminente pensador religioso dos Estados Unidos, Plantinga mereceu dois verbetes no dicionário satírico de Daniel Dennett, *The Philosophical Lexicon*: "alvinizar [*alvinize*], v. Estimular discussões intermináveis fazendo uma afirmação esdrúxula. 'Suas afirmações de que o mal natural se deve à ação satânica alvinizou seus ouvintes'", enquanto "plantingar [*planting*], v." é "usar fertilizante do século XX para estimular novas brotações de idéias do século XI que todos pensavam terem-se extinguido; daí plantingador [*plantinger*], s., aquele que plantinga."

Com sua constituição alta e esguia, a barba contornando o queixo, ele certamente parece combinar com o papel. Plantinga insistiu comigo quando nos encontramos no campus da Notre Dame:

> Se você for ateu e naturalista [alguém que não acredita em milagres], tem de perguntar a si mesmo: "Qual é a probabilidade de que as faculdades projetadas por seleção natural para promover a reprodução, a adaptação e a sobrevivência, e não para promover a crença verdadeira, sejam cognitivamente confiáveis — isto é, até que ponto podemos confiar que elas fornecem mais crenças verdadeiras que crenças falsas?" Penso que a resposta é: uma probabilidade realmente bem pequena.

Seu raciocínio é que, sob uma concepção materialista do mundo, os conteúdos particulares de nossas crenças não têm nenhum papel causal a desempenhar em nosso comportamento, porque "a única coisa que conta é a neurofisiologia estar correta — que a contração muscular correta ocorra, os fenômenos neurais corretos ocorram. Não importa que conteúdo fica associado de uma maneira ou de outra com isso" — assim como não importa que o capim nos pareça vermelho ou verde, contanto que nossa percepção nos ajude a identificá-lo como pasto fértil. Por exemplo, suponhamos que alguém na pré-história da humanidade viu um tigre um dia e acreditou que devia correr o mais rápido que pudesse. Essa crença ajudou enormemente a sobrevivência do homem, mas não foi necessariamente a mesma que teríamos tido nas mesmas circunstâncias. "Talvez", sugere Plantinga, "ele gostasse da idéia de ser comido, mas acreditasse que os tigres eram vegetarianos e tenha corrido à procura de uma perspectiva melhor, ou talvez pensasse que tigres eram bichanos carinhosos e que sair correndo era a melhor maneira de brincar com eles." No que diz respeito à seleção natural, importa apenas que ele saiu correndo. Há pressão da seleção para formar a crença de que se deve correr, mas não há pressão para que se corra por esta e não por aquela razão particular. Com tantas possibilidades — todas igualmente eficazes em nos ajudar a sobreviver numa selva infestada de tigres —, é improvável que a crença do homem das cavernas calhe de ser a verdadeira. A partir disso, afirma Plantinga, "um pequeno passo nos leva a duvidar de todas as nossas crenças, ou da maior parte delas — incluindo nossa crença na própria evolução, fazendo com que o projeto naturalista acarrete o próprio fracasso".[10]

Crentes religiosos não têm esses temores, pois Deus lhes deu suas faculdades cognitivas para que pudessem conhecer a Verdade e ascender ao Céu com base nela — não meramente para que pudessem evitar predadores e encontrar sustento. Não é assim tão fácil, contudo, afastar o conteúdo de nossas crenças de suas conseqüências. Se diferentes crenças podem levar ao mesmo comportamento em todas as circunstâncias concebíveis, seria justo concluir que não são realmente diferentes. Talvez não tenhamos até agora encontrado a difícil situação em que crenças alternativas sobre tigres levam a diferentes resultados, mas dado o incontável número de situações em que as gerações de nossos ancestrais se encontraram, é razoável supor que eles tenham se deparado com algumas delas uma vez ou outra. Quando o tigre pegar nosso homem da caverna, será bastante fácil ver que a fera está longe de ser o vegetariano brincalhão que se imaginava. A crença de que tigres são extremamente perigosos, por outro lado, não é tão susceptível de reversão. Em termos simples, crenças verdadeiras sobre a ferocidade dos tigres têm maior probabilidade de sobreviver que crenças falsas, porque há menos oportunidades de refutá-las. Em contraposição, o Deus de Plantinga não poderia nos fornecer uma visão precisa do mundo dando-nos desde o início crenças verdadeiras, uma vez que mudanças em nosso ambiente tornarão obsoleta qualquer "pré-programação" abrangente. Ele precisaria estar constantemente intervindo em sua criação para vedar as brechas em nosso conhecimento. Para um naturalista filosófico, nossa sensibilidade a tais mudanças depende da dificuldade que nossa espécie experimentou para sobreviver em seu ambiente. Pode-se esperar que um mundo em rápida transformação produza mentes mais aguçadas que uma Terra sem estações. Há, portanto, algumas bases para se sugerir que, se o mundo fosse um lugar melhor, estaríamos menos bem equipados para apreciá-lo.

O problema peculiar proposto pelo ceticismo em todas as suas formas — da Matrix à caverna de Platão — é que ele se embosca em situações a que não podemos ser sensíveis. Continuaríamos alimentando todas as nossas crenças atuais mesmo que vivêssemos em casulos ou fôssemos os joguetes do demônio enganoso de Descartes. Essas situações, se verdadeiras, não poderiam ser "detectadas", de modo que Nozick diria que, mesmo que *acreditássemos* nelas, não poderíamos *conhecê-las*. Por definição, elas não admitem nenhum meio pelo qual pudéssemos corrigir opiniões equivocadas a seu respeito. Mesmo as verdades que podemos afirmar conhecer devem permanecer a certa distância de nós, uma vez que os mecanismos que nos conectam aos fatos e nos fornecem conhecimento são simplesmente mais fatos. Enquanto a verdade a que estamos conectados for externa a nós, o que a liga a nós será também externo, mesmo que possamos ter relances da ponta *mais próxima* da corda. O desejo de certeza — o desejo de uma resposta para o "escândalo" denunciado por Kant em 1787, de que a existência do mundo à nossa volta deva ser em última análise uma matéria de fé — representa um sonho falso. Graças a Goldman e seus seguidores, podemos falar com confiança sobre como poderíamos chegar a adquirir conhecimento. Mas os fundamentos do conhecimento estão fora de nós, assim como seus objetos — isto é, nos processos do mundo natural, e não dentro de nós como Kant esperava. Vale perguntar que tipo de conhecimento poderia ser confirmado a partir de dentro. Só poderíamos alcançar a certeza se os objetos de nosso conhecimento fossem criações de nossa imaginação — isto é, se o próprio mundo externo fosse trazido para dentro de nós. O desejo de certeza equivale ao desejo de se transformar no demônio de Descartes.

6

O PROBLEMA DO SIGNIFICADO

"Primeiro aprende o significado do que dizes, depois dize."

Epiteto

"Como posso saber o que quero dizer até ver o que digo?"

E.M. Forster

O PINTOR BELGA René Magritte pintou certa vez a imagem extremamente realista de um cachimbo, sob a qual escreveu as famosas palavras: "Isto não é um cachimbo." Não gostaríamos de discordar de um grande artista quanto ao significado de sua própria obra, mas nem sempre estendemos a mesma cortesia a amadores. Quando meu vizinho me mostra sua última aquarela de um gato, só a polidez me impede de comentar que mais parece um cavalo. Supostamente, porém, mesmo um gato tão mal desenhado que parece um cavalo continua sendo a imagem de um gato. As imagens devem ser daquilo que *pretendem* representar, de outro modo seriam perfeitas como imagens de *alguma coisa*, mesmo que apenas de uma barafunda. Segundo a convenção, posso não conseguir pintar um gato realista, mas sempre serei capaz de pintar *algum* gato, por mais esquisito que o resultado de meus esforços possa ser. No entanto, ficaríamos desconfiados se o "gato" do meu vizinho parecesse um cavalo brilhantemente executado por um habilidoso anatomista. Seria então mais provável que ele de fato tivesse pretendido pintar um cavalo, por mais que afirmasse não ter conseguido captar muito bem o lustre do pêlo do gato. Ele pareceria estar equivocado não só sobre os resultados na tela como sobre os seus próprios pensamentos que haviam levado a eles.

Esse tipo de erro não está limitado ao esforço artístico, aplicando-se também a todas as formas de expressão — até simples relatos de nossas experiências. Segundo alguns filósofos, poderíamos estar todos por vezes na posição do artista enganado, já que nossa própria opinião sobre o que queremos dizer pode estar errada. Não só podemos pretender *dizer* uma coisa e, por acidente, dizer outra, como podemos também pretender *significar* uma coisa e, por acidente, *significar* outra. Por exemplo, em *As mil e uma noites*, Simbá, o marujo, escapa de uma ave de rapina gigantesca conhecida como "pássaro roca". Segundo o explorador do século XIII Marco Polo, o pássaro roca vivia na ilha de Madagascar. Ele descreveu a criatura como uma águia com envergadura de 22 metros e tão forte que podia carregar um elefante em suas garras. Conta-se que quando Kublai Khan ouviu a história, mandou enviados ao rei de Madagascar, de quem obtiveram uma pena de roca. Zoólogos de hoje contestam a existência de algo semelhante, pois nunca uma águia desse tamanho viveu na ilha — ou em qualquer outro lugar. A fonte da lenda pode ser uma outra criatura nativa de Madagascar, a hoje extinta ave-elefante, que, embora fosse vegetariana e não voasse, pesava meia tonelada e tinha três metros de altura. Nesse caso, quando Marco Polo ou Kublai Khan falavam do "pássaro roca", estavam realmente se referindo à ave-elefante. E tampouco adianta ir além das palavras e apelar para seus pensamentos, uma vez que os pensamentos estão igualmente limitados a se referir às suas experiências e aos progenitores destas. Eles simplesmente não são capazes de se referir a coisas com que não tenham conexão. Nas palavras do mais velho decano da filosofia norte-americana, Hilary Putnam, "os significados simplesmente não estão na cabeça".[1]

Hilary Putnam nasceu em Chicago, Illinois, em 1926. Quando tinha seis meses de idade sua família mudou-se para a França, onde seu pai, Samuel Putnam, editou uma revista literária e traduziu todas as obras de Rabelais. A família retornou aos Estados Unidos quando Hilary tinha sete anos. Em 1936, "Sam" Putnam tornou-se comunista quando, como ele diz, "vi escritores famosos no mundo inteiro passando fome nas ruas de Nova York", mas dez anos depois deixou o Partido Comunista em total desilusão.[2] Nos anos 1960, Hilary fez campanha pelos direitos civis e contra o envolvimento dos Estados Unidos no Vietnã, flertando por algum tempo com o marxismo-leninismo depois de ingressar no Partido Trabalhista Progressista (PLP). Expôs-se com isso a ser censurado pelas autoridades de Harvard por atividade política perturbadora. Putnam escapou de ser punido mobilizando amigos e partidários, mas admitiu mais tarde que se tornar membro do PLP havia sido um erro.

Putnam é conhecido por ter opiniões sobre um amplo espectro de assuntos filosóficos e também por ter mudado de idéia várias vezes durante sua carreira. Consta que isso se deve à sua suprema preocupação em não se tornar entediante, mas sua própria explicação é a seguinte: "Nós filósofos nos vemos freqüentemente dilacerados entre considerações opostas, mas muito raramente mostramos isso no que *publicamos*. O que fazemos é nos deixar dilacerar privadamente, até abraçarmos uma alternativa ou outra; depois o artigo publicado mostra aquilo que abraçamos, não o dilaceramento." Putnam nunca mudou de idéia, contudo, acerca de sua mais célebre contribuição, a teoria filosófica do "externalismo semântico". Trata-se da idéia de que o conteúdo ou significado de um termo é dado por sua história, não pelo que representa para o pensador. É determinado pelo que lhe deu origem na mente do pensador, em função da interação deste com o mundo, e não pelas crenças ou intenções siderais que ele tenha a seu respeito. Não damos realmente significado à nossa linguagem; ao contrário, o significado dela é que nos é dado. O externalismo sustenta que os fatores importantes num ato de significação são portanto externos ao indivíduo, não internos.

Na história da filosofia, os pensadores preocuparam-se menos em explicar como nossos significados poderiam se desencaminhar do que em explicar como em geral são capazes de não o fazer. É nossa capacidade aparentemente miraculosa de falar de maneira racional e coerente que tem sido encarada como problemática. No século XVII, o filósofo francês René Descartes nos deu a visão "dualista", segundo a qual mente e corpo ocupavam dois mundos separados e independentes, cada um sendo capaz de existir sem o outro. Isso nos deixou o trabalho de explicar como eles interagem. Nossas faculdades internas de razão e percepção são capazes de nos dar um conhecimento inteligível e seguro do mundo exterior, mas poderíamos não ter tido tanta sorte. Indivíduos desventurados poderiam nascer com faculdades muito diferentes, incapazes de lhes fornecer conhecimento. Isso poderia ocorrer ou porque não fossem capazes de detectar certas características do mundo — assim como o olho nu não é capaz de detectar a luz ultravioleta — ou porque estivessem equipados para detectar características que não ocorrem em seu ambiente, como os olhos vestigiais e famintos de luz dos organismos subterrâneos. O conhecimento só é atingível quando nossas faculdades possuem uma afinidade particular com os objetos de sua atenção. A questão para os filósofos era como explicar a feliz coincidência graças à qual as faculdades humanas correspondem tão bem a seu ambiente.

Uma solução imensamente influente, conhecida como "idealismo transcendental", foi proposta no século XVIII pelo filósofo alemão Immanuel Kant. Embora uma explicação darwiniana para a eficácia de nossas faculdades imponha-se fortemente a qualquer leitor moderno, Kant — que viveu um século antes da formulação da teoria evolucionária — sustentou que a correspondência perfeita entre nossas faculdades e seus objetos deve-se ao fato de estes últimos terem sido *criados* pelas primeiras. Ele distinguiu entre as aparências das coisas, ou "fenômenos", e as coisas como são em si, ou "númenos". Os númenos eram incognoscíveis, pensava ele, sendo apreendidos por nós apenas indiretamente por meio de uma aparência ou outra. O caráter dessas aparências é determinado pelas faculdades da mente que as processam para o deleite do observador. Por exemplo, a cor de uma rosa não é algo inerente a ela como é em si mesma. É antes uma função de sua interação com nossas faculdades visuais. Uma criatura com diferentes faculdades — como uma abelha mamangaba — veria um matiz muito diferente. Até o espaço e o tempo, para Kant, não eram características do mundo, mas maneiras pelas quais a mente humana ordena suas experiências.

Kant estava parcialmente certo: sabemos hoje que os dados dos sentidos são processados de várias maneiras no cérebro, e que esse proces-

O PROBLEMA DO SIGNIFICADO

samento pode ocorrer de maneiras diferentes em diferentes organismos. Acreditamos também, no entanto, que os diferentes tipos de faculdades das criaturas são resultantes das pressões da seleção natural. A concepção darwiniana, segundo a qual as faculdades de uma criatura são moldadas por seu ambiente, leva a um modelo diferente de aquisição de significado. Se nossas faculdades dão forma ao mundo, nós é que projetamos significado em nosso ambiente, mas se o mundo dá forma a nossas faculdades, então significados seriam projetados a partir de fora sobre nossos pensamentos. Ao longo do curso da evolução, nossas faculdades é que foram moldadas pelos objetos de nossa atenção, e não vice-versa. O externalismo semântico é parte da reação naturalística à idéia de Kant, e Putnam e seus seguidores procuram uma explicação para o significado que esteja mais sintonizada com a ciência contemporânea.

Putnam nos pede para imaginar que a Terra tem um planeta gêmeo: um mundo idêntico ao nosso em todos os aspectos, exceto por não ter água. Felizmente para os habitantes da Terra Gêmea, existe lá um líquido incolor e inodoro que flui em rios e sacia sua sede e que eles também chamam de "água", mas não é H_2O.[3] Tem de fato outra composição química — "XYZ". Embora um visitante vindo da Terra não percebesse nenhuma diferença, a menos que submetesse XYZ a uma análise de laboratório, e achasse um copo de XYZ gelado tão refrescante quanto a água de casa, qualquer referência àquela substância como "água" seria errônea. O significado do termo "água" estava fixado pela experiência de H_2O na Terra, ao passo que, para um habitante da Terra Gêmea, "água" se refere a XYZ. Poderia parecer que os dois indivíduos tinham estados mentais idênticos ao pensar sobre água e "água gêmea" respectivamente, mas o conteúdo de seus pensamentos não seria igual. Mesmo antes de 1750 — quando não existia a ciência capaz de distinguir XYZ de H_2O —, alguém na Terra Gêmea que declarasse que "água é refrescante" estaria expressando uma crença diferente da de um habitante da Terra que dissesse a mesma coisa ao mesmo tempo. Sua crença, apesar de seu caráter intrínseco, não poderia ser sobre água, já que água é H_2O e ele nunca viu ou provou esse composto, nem ouviu falar dele.

O compatriota de Putnam, Tyler Burge, respondeu que, na realidade, essa hipótese não foi longe o bastante, e que não só a linguagem mas também o pensamento e a mente em geral devem ser caracterizados externamente. Burge nasceu em 1946, em Atlanta. Sua família liberal o criou com uma paixão pelo movimento dos direitos civis numa época e num lugar em que isso não estava propriamente na moda. Chegou tarde a seu *métier*. Irritado com o prolongamento da Guerra do Vietnã, trabalhou inicialmente nas campanhas para o Congresso de Andrew Young, o primeiro congressista negro da Geórgia, que mais tarde se tornou embaixador de Carter na ONU. Young ofereceu então um emprego a Burge em Washington, mas ele o abandonou para estudar filosofia. Alto e sereno, Burge contou-me que não tem arrependimentos, acreditando ter "tornado o mundo melhor lecionando — de maneira menos ampla que através do processo político, mas mais pessoal".

Segundo Putnam, o significado de um termo é determinado por algo fora da mente. Para Burge, tudo que está de fato na mente é determinado por algo fora dela. Ele afirma que, como estados mentais e atos distinguem-se em parte por seus conteúdos, dois indivíduos com diferentes conteúdos devem ter também diferentes estados mentais. Burge sugeriu uma versão social do experimento mental de Putnam. "Al" sofre de artrite e se queixa um dia de que ela se expandiu para a coxa.[4] Sua crença não pode ser verdadeira, porque a artrite afeta as juntas, não os ossos. No entanto, os médicos na Terra Gêmea decidiram há muito tempo aplicar o termo "artrite" a uma inflamação tanto das juntas quanto dos ossos. O homólogo de Al na Terra Gêmea expressa a mesma crença que nosso Al, com quem partilha um idêntico estado neural, mas a sua é uma crença verdadeira — mesmo que sua exposição ao termo "artrite" não tenha sido diferente da do Al da Terra. (Devemos supor que nenhum dos dois foi especificamente informado se os ossos são afetados ou não pela doença.) Que tipo de pensamento cada Al tem não é determinado unicamente pelo que está dentro de suas cabeças, mas também pelas comunidades lingüísticas que formam seu ambiente social.

Há uma réplica óbvia ao experimento mental da Terra Gêmea. Poderíamos insistir teimosamente que o termo "água" se aplica tanto a H_2O quanto a XYZ, bem como a qualquer outra substância que seja líquida, transparente, insípida, inodora e assim por diante. Se parece intuitivamente correto descrever XYZ e H_2O como dois tipos diferentes de água, Putnam e Burge estão diante de uma óbvia controvérsia com seus oponentes. Como em todas essas discussões, só podemos convencer o outro lado apelando para aquilo em que ele já acredita. Considerando preeminentes as qualidades descritivas (como umidade e transparência), preservamos nossa intuição de que o conteúdo de nossas crenças é determinado pelo caráter intrínseco dos pensamentos, independentemente dos processos que os produziram. No entanto, isso se dá ao custo de outra de nossas intuições: a de que quando falamos sobre substâncias, pretendemos nos referir à essência que reside sob suas aparências, e que quando revelamos essa essência podemos descobrir sobre o que falávamos o tempo todo. Quando os químicos descobriram que a água consistia de um composto de átomos de hidrogênio e oxigênio, concluímos naturalmente que essa era a "verdade" sobre a água, e que isso se sobrepunha a outras descrições. O que torna algo água é o fato de ter certa estrutura interna, não nossas crenças descritivas a seu respeito. Se o uso de uma descrição idêntica fosse o bastante para tornar alguma coisa água, não estaríamos realmente falando sobre o mundo independente de nossas mentes, fora de nós, mas fazendo uma estipulação arbitrária. Além disso, como Burge salienta, o externalismo aplica-se não apenas a conceitos como "água" e "artrite", mas também a conceitos de "cor" — de modo que o internalista não poderia usar o termo "transparente" na descrição que associa a "água".

Talvez estipulação arbitrária não seja algo tão mau. Podemos insistir em que "água" não se refere de fato a H_2O especificamente, mas abrange todo líquido sem cor, sem gosto e sem cheiro que enche rios e oceanos e cai do céu — caso em que XYZ e H_2O são diferentes variedades de água. Mas não é dessa maneira que queremos pensar sobre substâncias naturais. Putnam escreve:

O que a natureza de alguma coisa é (não "a natureza" no sentido do metafísico, mas no do cientista ou do artesão) pode determinar a referência de um termo mesmo antes que essa natureza seja descoberta. O que *chrysos* (ouro) era na Grécia Antiga não se determinava simplesmente pelas propriedades que os gregos antigos *acreditavam* que o ouro possuía. Se as crenças que os gregos antigos tinham sobre *chrysos* definissem o que *é ser* ouro (ou "*chrysos*") naquela época, não teria feito nenhum sentido para um grego antigo perguntar a si mesmo: "Quem sabe haverá um meio de saber que uma coisa não é realmente ouro, mesmo quando parece ser por todos os testes-padrão?" Lembremos que esta foi precisamente a pergunta que Arquimedes fez para si mesmo, com que célebre resultado![5]

Se mudanças nas nossas crenças não forçassem mudanças no significado de nossos conceitos, seríamos incapazes de rever nossas crenças primitivas sobre água e ouro. Afinal, nem toda água é H_2O — água "pesada" é D_2O, em que átomos de deutério substituem o hidrogênio.

Em outro dos exemplos de Putnam, se eu fosse incapaz de distinguir olmos de faias, estaria errado quando me referisse a uma faia particular como um olmo, mesmo que ela correspondesse às descrições que aplico a olmos. E se um botânico me corrigisse, seria errado rejeitar essa opinião abalizada. O preço de ter nossas crenças conectadas com o mundo de uma maneira que lhes permite serem significativas é que por vezes temos de aceitar que uma ou outra intuição alimentada com carinho, uma ou outra idéia preconcebida há muito acalentada sobre ouro, água ou moralidade é errônea. Para ter um senso de realidade, temos de submeter a verdade de nossas idéias ao modo como elas acontecem no mundo exterior. Por força desse mesmo senso de realidade, não podemos ter a palavra final sobre o que nossas idéias realmente significam.

Embora crenças descritivas não sejam o bastante para transformar pirita — o ouro-de-tolo — na espécie de 24 quilates, tenderíamos a julgá-las suficientes para determinar se um objeto é uma cadeira ou uma mesa. Para invenções humanas, poderíamos ser tentados a aceitar estipulações humanas. No entanto, o falecido Donald Davidson contou uma história que mostra que isso poderia ser um erro. Ele nasceu em 1917 em Springfield, Massachusetts, e mudou-se de uma cidade para outra com a família enquanto seu pai, que era engenheiro, procurava trabalho. Sua educação formal só começou quando ele tinha nove anos, quando a família se estabeleceu em Staten Island. Compensou isso estudando inglês, literatura comparada e letras clássicas em Harvard antes de combinar um curso de filosofia com estudos de administração de empresa e redação de roteiros para o seriado policial radiofônico *Big Town*, estrelado por Edward G. Robinson. Morreu aos 86 anos em 2003, sem nunca ter publicado um livro. Sua influência sobre a filosofia do século XX provém de alguns breves artigos redigidos nas décadas de 1960 e 1970, um dos quais introduziu a história do Homem-do-Pântano, que está entre os experimentos mentais mais absurdos numa disciplina famosa por experimentos mentais absurdos. Davidson escreveu:

> Suponhamos que raios atinjam uma árvore morta num pântano; estou parado perto dela. Meu corpo é reduzido a seus elementos, enquanto por pura coincidência (e a partir de diferentes moléculas) a árvore é transformada na minha réplica física. Minha réplica, o Homem-do-Pântano, move-se exatamente como eu o fazia; de acordo com sua natureza, ele se afasta do pântano, encontra e parece reconhecer meus amigos e parece responder a seus cumprimentos em inglês. Vai até minha casa e parece escrever um artigo sobre interpretação radical. Ninguém consegue perceber a diferença... Mas há uma diferença. Minha réplica não é capaz de reconhecer meus amigos; ela não pode *re*conhecer nada, pois nunca conheceu coisa alguma para começar. Não pode saber os nomes de meus amigos (embora, é claro, dê a impressão de sabê-los), não pode se lembrar de minha casa, por exemplo, pois o som "casa" que emite não foi aprendido num contexto que lhe daria o significado correto — ou qualquer significado. Na realidade, não entendo como se pode dizer que minha réplica se refere a alguma coisa com os sons que produz, nem que tenha algum pensamento.[6]

Essa pode parecer uma maneira muito cruel de falar sobre o infeliz Homem-do-Pântano. Se um cientista transmuta chumbo em ouro com um desintegrador de átomos, como é possível atualmente, o produto final é ouro — não é "realmente" chumbo de certo modo. Assim, sobre a mesma base, podemos perguntar por que o Homem-do-Pântano não seria um homem real. O xis da questão é que significado é mais do que forma, por mais que a forma se assemelhe a uma linguagem significativa. As palavras do Homem-do-Pântano podem ser comparadas a uma imagem entalhada em arenito pelo vento, ou a uma mensagem soletrada por acaso nos corpos de formigas em marcha. Talvez em algum lugar do mundo haja uma rocha que foi moldada de tal maneira pelo vento e pela água ao longo de milênios que se pareça exatamente com uma poltrona. Mas, apesar de seus atributos descritivos, não seria uma cadeira — nem mesmo uma cadeira desconfortável. O necessário é o tipo correto de história. No caso do Homem-do-Pântano, isso significa as experiências de aprendizado que deram a Davidson seus conceitos, e os encontros que o fizeram conhecer seus amigos. Se o Homem-do-Pântano for uma réplica exata do filósofo, podemos admitir que ele tenha pseudolembranças desses eventos e uma consciência própria, mas embora ele possa sentir dores e coceiras, não pode ter o tipo de estados de consciência dirigidos que a significação requer.

A filósofa Ruth Millikan acrescenta que esse ser tampouco teria "fígado", "coração", "olhos" ou "cérebro", pois essas categorias, juntamente com "idéia", "crença" e "intenção", são definidas em última análise por suas funções — por referência à história evolucionária, não por sua constituição ou disposição presentes. Ela escreve:

> Se não fosse assim, não poderia haver corações *malformados* ou corações que *não funcionassem*, como tampouco poderia haver idéias *confusas*, idéias *vazias* ou crenças *falsas* etc. Idéias, crenças e intenções não são tais pelo que fazem ou poderiam fazer. São tais em função do que, dado o contexto de sua história, *se espera* que façam e de como se espera que o façam.[7]

Chamar o coração do Homem-do-Pântano de saudável ou malformado, ou suas crenças de verdadeiras ou falsas, seria tão inadequado como corrigir a grafia e a gramática das formigas em marcha.

Isso suscita a questão de o quanto nossa própria vida mental carece da história apropriada para se qualificar como significativa. Desde Descartes, o autoconhecimento foi considerado um dom gratuito. Supostamente ocupamos uma posição privilegiada em relação a nós mesmos, sendo capazes de compreender os conteúdos de nossa própria mente melhor que qualquer outra pessoa, pois se trata de algo sobre o que dificilmente podemos nos enganar. Mas se o externalismo estiver correto, podemos estar muito enganados, uma vez que o autoconhecimento não pode ser alcançado apenas por introspecção. O significado de nossos próprios pensamentos não nos é dado por seu caráter tomado isoladamente, mas em parte por suas relações com nosso ambiente, e este poderia nos surpreender. Por exemplo, a introspecção dizia a Marco Polo que ele estava falando sobre o "pássaro roca", mas sua história e ambiente nos dizem que não estava. Isso não quer dizer que ele não soubesse como descrever seus pensamentos — que ele podia afirmar serem sobre uma águia gigantesca que comia elefantes —, mas eles eram mais que isso. O ambiente em que nossos pensamentos adquirem seu significado é o mundo natural, e, como Millikan ressalta, este não é um lugar que tipicamente leve nossas intenções em conta. "A vasta maioria dos animais individuais morre antes de se reproduzir. Seria muito surpreendente que os fins biológicos do *pensamento* humano fossem invariavelmente alcançados."[8]

O externalismo assegura que os problemas filosóficos são mais que meras discussões sobre palavras ou definições arbitrárias, porque definições podem ser estabelecidas mediante avanços na ciência — assim como quando botânicos descobriram que o lírio é de um filo diferente do das orquídeas, apesar de suas semelhanças superficiais. No entanto, essa oportunidade para o conhecimento é também uma exigência de experiência. Imagine que alguém se gabe de uma série de sólidas crenças morais, todas elas unidas pela repugnância que sente quando alguma é infringida. O "fator repugnância" é seu contador Geiger moral, porque essa pessoa considera o asco a reação correta e apropriada a tudo que é contrário à vontade de Deus. Mas ela precisa de mais do que essa indicação, mesmo que Leon Kass, chefe do Conselho sobre Bioética do presidente George W. Bush, considere o "fator repugnância" como "a expressão emocional de profunda sabedoria, além da capacidade da razão de articulá-la plenamente".[9] Na esfera moral, podemos estar na posição dos químicos de 1750 — ser capazes de nos referir à água, mas incapazes de distingui-la de outros compostos como XYZ. Podemos estar desinformados sobre a essência da moralidade, seja ela a vontade de Deus ou a base evolucionária dos costumes sociais. Se alguém se refere à vontade de Deus quando qualifica, digamos, o aborto como um "mal", não pode realmente querer dizer o que está dizendo, a menos que tenha sido de fato tocado por Ele. Se nunca experimentou a vontade de Deus, seja direta ou vicariamente, não pode ser capaz de se referir a Ele. Por outro lado, se alguém se opõe a essa idéia sobre o aborto, talvez alegando que a essência da moralidade não é a vontade de Deus mas sim o gosto pessoal, esse adversário estaria cometendo o mesmo erro que alguém que teimasse que os oceanos na Terra Gêmea de Putnam eram compostos de "um outro tipo de água".

Se nossas crenças estão conectadas com o mundo exterior, nunca estão inteiramente dentro da província de nossa mente. Não possuímos autoridade final sobre o significado de nossos conceitos porque essa prerrogativa pertence à história causal de sua formação. Se fosse diferente, estaríamos vivendo num mundo semântico de fantasia em que cada indivíduo estaria sempre certo acerca de seus próprios termos. Tais termos não valeriam nada.

7

IDÉIAS INATAS

"Se a alma se assemelha a tabuinhas em branco, a verdade estaria em nós como a figura de Hércules no mármore, quando o mármore é inteiramente indiferente à recepção dessa figura ou de alguma outra. Mas se houvesse veios no bloco que indicassem a figura de Hércules em vez de outras, esse bloco seria mais determinado para ela, e Hércules estaria nele como em certo sentido inato, ainda que fosse necessário trabalhar para descobrir esses veios, para limpá-los, polindo e removendo o que os impedisse de aparecer. É assim que idéias e verdades são inatas para nós, como inclinações, disposições, hábitos ou potencialidades naturais, e não como ações, embora essas potencialidades sejam sempre acompanhadas por algumas ações, muitas vezes insensíveis, que correspondem a elas."

G. Leibniz

NO DIÁLOGO SOCRÁTICO *Mênon*, Platão relatou como Sócrates extraiu conhecimento de geometria de um menino escravo que não tinha nenhuma instrução anterior em matemática. O menino não era capaz de apresentar suas próprias soluções para problemas geométricos traçados na areia, mas, com algum estímulo de Sócrates, conseguiu reconhecer a resposta certa quando ela lhe foi sugerida. Platão acreditava que o menino estava se lembrando do que havia aprendido numa existência anterior. A experiência nesta vida, pensava ele, não podia nos ensinar nada das verdades eternas da geometria, uma vez que o mundo físico ordinário em que vivemos é um mundo cambiante, de sombras. Tudo quanto sabemos, raciocinava ele, deve ter sido aprendido antes de ingressarmos neste mundo de aparências traiçoeiras e linhas em movimento. Ele supunha que o entendimento

109

do menino escravo fora alcançado antes do nascimento, no reino celeste das "Formas", onde cada objeto, quer fosse um cavalo, um valor moral ou um fato da aritmética, era um ícone da Verdade. Embora o mundo físico não pudesse nos mostrar essas coisas, ainda podia nos fazer lembrar delas. Platão pensava que esse processo de rememoração era o que normalmente percebíamos como o de aprendizagem, pois, como indagava Sócrates, como poderíamos reconhecer a Verdade quando a víssemos, a menos que já conhecêssemos de alguma maneira as respostas para nossas perguntas?

Parece que Platão não se empenhou com muito afinco em resolver esse problema quando escrevia o *Mênon*, pois há muitas maneiras pelas quais podemos identificar o objetivo de uma busca mesmo que nunca o tenhamos visto antes. Por exemplo, podemos não saber que aspecto terá a peça final de um quebra-cabeça, mas sabemos que será a única a restar no final. Ou podemos ter apenas uma descrição parcial do objeto para começar, como as imagens de monstros pré-históricos que inspiraram naturalistas a montar uma expedição à ilha Komodo, ao largo da costa de Bornéu, em 1912. Eles souberam que haviam encontrado a fonte da lenda quando depararam com um grande lagarto — o "Dragão de Komodo" — que até então não havia sido registrado pela ciência. Por vezes não precisamos de nenhuma descrição, pois a resposta é definida como qualquer coisa que se encontrar no fim de certo caminho, como quando somamos uma longa série de números. A maioria dos mortais não digita 2.935 × 7.478 em suas máquinas de calcular e em seguida, ao constatar que o total é 21.947.930, comenta: "Exatamente como eu suspeitava."

Dois mil anos depois de Platão, o projeto de discernir o conhecimento inato foi reiniciado. Embora muitas coisas só pudessem ser aprendidas por experiência, filósofos "racionalistas" como René Descartes, Gottfried Leibniz e Baruch Spinoza esperavam que as verdades mais importantes — suas favoritas eram aquelas relativas a Deus, Seus métodos e Seus desejos (isto é, a matemática e a moralidade) — pudessem ser descobertas sem que deixássemos nossa poltrona, mediante pura contemplação. As pessoas que viveram vidas plenas e variadas costumam atribuir à experiência muito mais respeito do que ela merece, ao passo que aquelas que levaram vidas sedentárias preferem acreditar que o esclarecimento pode ser alcançado sem todo esse trabalho. A posição do pensador francês Descartes, o fundador do racionalismo, não deveria ser atribuída à maneira como ele passou a maior parte de sua vida de trabalho, cochilando num cômodo aquecido ou aconchegado na cama durante quase toda a manhã. Descartes pode ter sido preguiçoso, mas via que a mente era mais susceptível a certos pensamentos que a outros. Se mostrarmos a crianças um triângulo distorcido ou uma linha um pouco curva, elas vão descrevê-los como exemplos imperfeitos de triângulo e linha reta — não como exemplos perfeitos de um triângulo distorcido e de uma linha torta. Possuímos as idéias dessas formas geométricas mesmo que não haja triângulos ou linhas perfeitos no mundo para que tenhamos podido observá-los através da experiência. Para usar uma expressão atual, elas estão *hard-wired* no cérebro humano, ou incorporadas a ele.

A noção de idéia inata de Descartes insere-se numa longa história de tentativas filosóficas de isolar o eu do mundo exterior, seja da fortuna moral, das influências ambientais sobre nosso livre-arbítrio ou, como nesse caso, da falibilidade cognitiva. Ela sustentava também a possibilidade de um conhecimento mais puro do que aquele oferecido pelos sentidos, periodicamente indignos de confiança. Essa era uma representação de um mundo justo, em que o camponês podia ser tão versado em santidade como o sábio, já que as verdades mais valiosas são aquelas inscritas nas paredes do canal de parto. Ademais, desse ponto de vista, era inadequado duvidar das crenças com que nascemos, pois se uma noção não proviesse de nossa experiência, vinha provavelmente de uma fonte muito melhor — a saber, o desígnio de Deus.

Era portanto embaraçoso quando a suposta "vontade de Deus" não correspondia às expectativas. Há uma razão óbvia para se desejar que uma idéia seja inata — isso elimina a necessidade de justificá-la. Os filósofos "empiristas" da Grã-Bretanha afirmavam que até as crenças instintivas teriam de ser verificadas no confronto com a experiência, pois nossas idéias preconcebidas são com freqüência errôneas. Além disso, as idéias inatas não pareciam ser uniformemente distribuídas. O homólogo empirista de Descartes, o filósofo inglês John Locke, salientou que as supostas verdades universais nunca gozam da concordância de todos. Alguns indivíduos chegavam até a duvidar da existência de Deus. Depunha contra o conhecimento inato que ele não fosse inato para todos, mesmo que a maioria dos hereges fosse de crianças ou loucos. Este não era um argumento contra a existência do conhecimento inato como tal, mas certamente prejudicava sua base moral e teológica — o que, no fim das contas, era um meio mais eficaz de lançar dúvida sobre tais verdades universais. Preocupações semelhantes atrapalham o debate de uma de suas encarnações modernas, a saber, a questão *nature-nurture*. A noção do inato ameaçava a idéia da igualdade de todas as pessoas, uma vez que um indivíduo podia obviamente possuir mais talentos intelectuais inatos que outro. Depois que surgiu a noção de que vantagens ou deficiências inatas podiam ser concedidas não por uma divindade benevolente, mas por uma Natureza cruel e indiferente, a idéia de conhecimento inato deixou de ser tão atraente.

Nos últimos anos, a alternativa de Locke foi considerada demasiado sedutora. Ele propôs que a mente humana, por ocasião do nascimento, era uma "lousa em branco" sobre a qual a experiência e o aprendizado marcavam suas impressões. Nessa concepção, embora pareçamos ter as idéias de triângulos perfeitos e linhas retas, o fato de não encontrarmos essas figuras impecáveis na natureza significa que devemos estar enganados. Quanto à suscetibilidade a certas idéias mencionada por Descartes, Locke sustentou que era absurdo sugerir que alguém possuía um conhecimento mas não era capaz de compreendê-lo. Se admitirmos que a mera capacidade de vir a conhecer alguma coisa pode ser considerada uma forma de conhecimento, poderíamos igualmente dizer que todo conhecimento possível é possuído de maneira inata, uma vez que preciso ter a capacidade de aprender alguma coisa para ir adiante e aprendê-la. Não havia portanto nenhum sentido em dizer que o conhecimento estava impresso na alma de forma latente, de modo a poder ser ativado quando a criança chegasse à maturidade. Essa idéia era motivada por uma compreensão particular das capacidades de aprendizagem.

Platão havia acreditado que a capacidade de conhecer uma verdade devia ser muito semelhante a essa verdade, ajustando-se a ela como uma fechadura a uma chave. Mas, em vez disso, a capacidade podia parecer no início uma argila informe, a que era possível dar várias formas e configurações sem tender para essa ou aquela em particular, como na "lousa em branco" de Locke. Ninguém diria que não temos absolutamente nenhuma capacidade inata — precisamos de algo inato para sermos humanos. O que queremos saber é em que medida essas capacidades têm conteúdo — isto é, em que medida são argila e em que medida buraco de fechadura? Hoje superamos a questão de como uma capacidade pode se assemelhar a seu objeto. Não falamos mais sobre semelhanças, pois não as consideramos essenciais para a representação. O código binário do computador pode representar qualquer coisa em que possamos pensar, mas um retrato composto de zeros e uns não arrebataria nenhum prêmio de arte (pelo menos não num concurso de realismo fotográfico). Embora não tenhamos certeza de que cérebros trabalham de maneira similar a computadores, sabemos pelo menos que o cérebro de um erudito é muito parecido, na forma, ao de um analfabeto. Não há nenhuma argila mental dentro do crânio que tome a forma de nossos estudos. O debate sobre idéias inatas diz respeito agora a *processos* mentais, não a estados mentais ou conhecimento.

A filosofia empirista que veio pôr fim aos dogmas racionalistas acabou por criar seus próprios dogmas, à medida que a necessidade de experiência e experimento acabou sendo mais valorizada que os resultados desses mesmos processos. A explicação de Locke continha dois componentes: a crença de que o conhecimento era obtido através da experiência e a crença de que a experiência começava somente no nascimento. De fato, poderíamos nos perguntar como poderia ser diferente, já que não há academias para embriões, muito menos escolas celestes onde a alma pudesse ser educada antes da concepção. Escrevendo nos séculos XVII e XVIII, centenas de anos antes da descoberta da hereditariedade genética, os empiristas não teriam podido saber que a vida anterior em que certas verdades são aprendidas não era nossa própria preexistência, mas as vidas de nossos ancestrais.

A luta entre os pensamentos racionalista e empirista encerrou-se no século XX graças à arbitragem de um homem, o filósofo norte-americano e ativista político de esquerda Noam Chomsky, hoje professor de lingüística e filosofia no Massachusetts Institute of Technology. Chomsky nasceu na Filadélfia em 1928, e ainda era adolescente quando começou a ajudar o pai, um erudito hebreu, a editar suas obras. O apoio que deu na juventude à pátria étnica judaica continua, mas ele muitas vezes declara desprezar o Estado de Israel. A verdade é que realmente não acredita em Estados — qualifica-se de "anarco-sindicalista". Chomsky é também um dos críticos mais eloqüentes e severos da política externa de seu próprio país, tendo uma vez afirmado que, pelos padrões dos julgamentos de Nuremberg, todos os presidentes dos Estados Unidos pós-1945 deveriam ter sido enforcados por crimes de guerra. Começou sua vida política fazendo campanha contra a Guerra do Vietnã, apoiando estudantes que tentavam escapar do recrutamento. Partilhou uma cela com o romancista Norman Mailer após o protesto de 1967 no Pentágono; depois disso, Mailer escreveu sobre "um homem delgado, de traços marcados, com uma expressão ascética e um ar de suave mas absoluta integridade moral", que parecia "incomodado com a idéia de perder a aula na segunda-feira".[1] Quarenta anos depois, a descrição continua correta.

O professor Chomsky é famoso por sua disposição para receber visitas, e pessoas que lhe escreveram espontaneamente receberam muitas vezes respostas detalhadas às suas indagações, cobrindo várias páginas. Os dois visitantes que me precederam em seu escritório saíram deslumbrados e com lágrimas nos olhos, depois de terem sido fotografados a seu lado. No mesmo mês, Chomsky havia discursado no Fórum Social Mundial em Porto Alegre sobre a questão da globalização. Alguns dias depois de nosso encontro, ele apareceu novamente nos jornais após viajar à Turquia para condenar a perseguição dos curdos e defender seu editor turco de acusações de disseminar propaganda separatista. Quando Chomsky chegou lá e pediu para ser julgado junto com o editor, o tribunal encerrou o caso. Não admira que, segundo o Índice de Citações de Artes e Humanidades, Chomsky seja o autor vivo mais citado atualmente e o oitavo mais citado de todos os tempos.

Chomsky prefere manter suas idéias políticas e lingüísticas separadas, e talvez seja melhor assim — pois embora suas idéias políticas façam dele o queridinho da esquerda, sua principal contribuição para a filosofia foi desfechar o primeiro ataque para a demolição da mais acarinhada doutrina desta: a maleabilidade da natureza humana. *Syntatic Structures*,[2] a tese revolucionária de Chomsky na lingüística, foi publicada em 1957, quando ele tinha apenas 29 anos. Seu lugar na história ficou definitivamente assegurado dois anos depois, com a resenha que fez do livro de B.F. Skinner, *Verbal Behaviour*, publicada na revista *Language*. A obra de Chomsky foi uma reação ao nadir empirista representado pela psicologia behaviorista de Skinner.

Segundo Skinner, a mente podia ser concebida como uma caixa que só emitia o que antes tivesse sido posto ali pelos sentidos. Todo comportamento humano, por mais elaborado que fosse, era uma resposta a um estímulo. No entanto, os estímulos que podiam ser observados e que eram citados por Skinner pareciam esparsos demais para explicar um comportamento tão rico quanto a linguagem. Chomsky notou, por exemplo, que crianças têm a capacidade de compreender frases claras que nunca ouviram antes. Frases absurdas como "Idéias verdes sem cor dormem furiosamente" podem ser rapidamente compreendidas e julgadas gramaticalmente corretas. Impressionava-o também que quase todas as crianças aprendessem a língua numa idade muito precoce, antes que suas outras faculdades intelectuais estivessem inteiramente desenvolvidas, e isso sem que fossem rigorosamente exercitadas, como são em matemática ou leitura. Diferentemente de adultos que aprendem uma segunda língua, as crianças não aprendem sua língua materna por instrução. A mera idéia de que poderiam fazê-lo envolve um paradoxo. Quando estamos incertos sobre o significado de um conceito, podemos consultá-lo num dicionário, mas isso seria inútil se já não compreendêssemos o conceito de significado. Isso sugere que nossos primeiros passos na língua não podem ser dados neste mundo. Qualquer criança que tentasse desenvolver capacidade lingüística por esforço próprio numa mente que fosse uma "lousa em branco" se veria em apuros, pois a maior parte da linguagem falada, em contraposição à escrita, é relativamente caótica e agramatical. É por isso que entrevistas publicadas nos jornais resultam tantas vezes em citações incorretas — porque seriam impublicáveis sem bastante edição. Os pais não agem em geral como editores de jornal. Sentem-se felizes em distorcer balbucios incompreensíveis, transformando-os nas primeiras "palavras" de seu bebê, e em geral não corrigem os filhos. É um comportamento sensato. Não haveria sentido em dizer a um bebê como falar, porque ele não compreenderia a explicação.

No entanto, as crianças parecem superar sem esforço esse obstáculo aparentemente intransponível à aprendizagem. O modelo que Locke propôs para a mente apresentava um dispositivo de aprendizagem com múltiplos fins, operado a partir de regras gerais para a associação entre impressões sensoriais. Isso era em parte uma tentativa de imitar o sucesso da física ao reduzir os eventos a um pequeno número de leis coerentes. Mas na aquisição da linguagem, princípios gerais como a indução — em que passamos, por exemplo, da observação de vários limões amarelos à conclusão de que todos os limões são amarelos — seriam de pouca ajuda se as crianças quisessem se tornar falantes fluentes antes de ir parar em asilos de velhos. Simplesmente não se dá a uma criança material suficiente para trabalhar de modo a atingir esses resultados num período tão curto. Além disso, todas as crianças aprendem a falar mais ou menos no mesmo ritmo, apesar de grandes diferenças de inteligência, o que não seria de esperar se essa capacidade dependesse de alguma faculdade intelectual mais geral.

Tentando sobreviver ao longo de vários séculos, os seres humanos precisaram de uma faculdade de aprender que fosse ela mesma capaz de aprender — quer dizer, uma faculdade que pudesse ser aperfeiçoada para as tarefas específicas que parecessem mais importantes. Em certa altura, qualquer dispositivo de aprendizagem digno desse nome sacrificará um grau de capacidade em proveito do conteúdo, assim como, por exemplo, uma proporção da CPU nos mais modernos PCs de mesa é dedicada inteiramente a imagens, sacrificando um grau de versatilidade em proveito da especialização. Essas mudanças em nosso mecanismo de aprendizagem tendem a reforçar as necessidades e o comportamento que levaram a elas. Por exemplo, podemos usar todos os dentes — quer sejam caninos ou molares — para comer qualquer tipo de alimento. Mas se tivéssemos somente caninos, teríamos certa propensão a comer carne — pela simples razão de que seria necessário muito esforço para mastigar grãos com uma boca cheia de caninos pontudos. Se o que foi outrora destinado a múltiplos fins passa a servir a um fim suficientemente específico, pode-se então dizer que seu conteúdo já vem predeterminado. Em nosso próprio caso, esse conteúdo é uma compreensão de como a linguagem humana funciona. Uma compreensão similar poderia ser programada num computador ou introduzida algum dia, por modificação genética, num animal, mas para o homem a linguagem é um dom gratuito. É também um dom considerável, pois a gramática humana não é a única estrutura possível que uma linguagem poderia possuir. Linguagens de computador podem expressar as mesmas proposições que o inglês ou o francês usando princípios muito diferentes.

Apesar da obra de Chomsky, a batalha entre racionalismo e empirismo não deveria ser considerada uma vitória para os seguidores de Descartes. Seria mais preciso dizer que o racionalismo estava completamente morto antes que se descobrisse que seus órgãos poderiam ser úteis para outros pacientes. Os dogmas do empirismo não foram desmascarados pelo pensamento racionalista, mas por um exame mais cuidadoso dos fatos da experiência. Embora tenha fracassado como metafísica, como metodologia o empirismo conduziu a todos os frutos da ciência moderna — inclusive a nova ciência da lingüística, fundada por Chomsky.

Os primeiros passos da disciplina consistiram na identificação das características gramaticais comuns a todas as línguas na Terra. O próprio Chomsky propôs que esses universais lingüísticos eram resultado de uma herança genética comum. Outra opção é que as estruturas comuns se devam a uma herança cultural partilhada. Se todos os homens que hoje existem forem descendentes de um pequeno grupo, todas as línguas provavelmente descendem de uma única língua pré-histórica. Embora a língua tenha mudado tanto que ramos diferentes não podem ser compreendidos por outros, certas características gerais (talvez as que possibilitam as traduções) permaneceram. Mesmo assim, em certas circunstâncias inusitadas — como gêmeos trancados no sótão por pais enlouquecidos —, os seres humanos demonstraram uma capacidade de criar uma língua exclusivamente por si mesmos. É bastante difícil para os que dão mais valor à educação que à natureza explicar o aprendizado da linguagem, dado o estímulo limitado na criação normal de uma criança. Uma completa ausência de estímulo pareceria decidir a questão a favor de Chomsky.

Dada a origem evolucionária da humanidade, algum tipo de idéias inatas poderia ser explicado por razões de eficiência. Esse mesmo raciocínio explica também por que nem todas as idéias úteis são inatas. Embora isso pudesse conferir certa vantagem em termos de energia poupada e de morte prematura evitada, provavelmente se poupa mais energia ainda não armazenando tal conhecimento de modo inato, já que ele é tão facilmente acessível a qualquer criatura com capacidades básicas de raciocínio. Algumas crenças poderiam vir associadas à faculdade de acreditar, mas seria perda de energia tornar as formas dos substantivos inatas se qualquer algoritmo digno de seus genes logo encontraria uma maneira tão conveniente de falar. Uma criança precisa aprender o vocabulário arbitrário e a gramática rudimentar que seus pais usam porque estes não são os tipos de coisas que faz sentido trazer incorporados desde o nascimento. As necessidades mais detalhadas da linguagem muitas vezes mudam rapidamente para acompanhar mudanças ambientais, e o genoma humano, que se altera tão lentamente, nunca poderia fazer frente a essas demandas.

No entanto, num ambiente mais ou menos estável, há grande valor de sobrevivência numa capacidade ou propensão inata. Muito tempo seria poupado, por exemplo, se não tivéssemos que aprender a ver o mundo em três dimensões. Como Daniel Dennett observa sobre essa alternativa: "O condicionamento skinneriano é uma ótima capacidade para se ter, contanto que não morramos em conseqüência de um de nossos erros iniciais."[3] Obviamente é muito melhor descartar um comportamento que ponha a vida em risco ou seja ineficiente antes que ele tenha chance de ser testado, embora, se a gramática tiver uma base genética, essas ações presumivelmente devem ter sido de fato experimentadas e removidas do estoque de genes em gerações passadas. Como Descartes e os racionalistas suspeitavam, as crenças mais importantes são realmente inatas — e são importantes para a sobrevivência neste mundo, não no próximo. Se as verdades mais elevadas da metafísica e os valores morais não estão entre elas, devemos nos lembrar de que foram postas lá não por deuses que se entretinham com matemática e lógica, mas por primatas que colhiam amendoins e fugiam de tigres.

8

A LINGUAGEM DO PENSAMENTO

"O que não pode ser dito, não pode ser dito, e também não pode ser assobiado."

Frank Ramsey

"Se é verdade que as palavras têm significados, por que não jogamos fora as palavras e ficamos só com os significados?"

Ludwig Wittgenstein

"Se os pensamentos dependessem de palavras, como algum dia se poderia cunhar uma nova palavra? Como, para começar, uma criança poderia aprender uma nova palavra? Como a tradução para uma nova língua poderia algum dia ser possível?"

Steven Pinker

"No mundo todo havia apenas uma língua, um só modo de falar. Saindo os homens do Oriente, encontraram uma planície em Sinear e ali se fixaram. E disseram uns aos outros: 'Vamos construir uma cidade, com uma torre que alcance os céus; assim nosso nome será famoso e não seremos espalhados pela face da terra...' E disse o Senhor: 'O povo é um só e há uma só língua, e isso começam a construir. Em breve nada poderá impedir o que planejam fazer. Venham, desçamos e confundamos a língua que falam para que não entendam mais uns aos outros.' Assim o Senhor os dispersou dali por toda a terra e eles pararam de construir a cidade. Por isso foi chamada Babel."

(Gênesis 11:1-9)

Ultimamente filósofos têm-se perguntado se a língua mítica comum falada antes de Babel vive de fato, sem que o saibamos, na mente de todos os homens — um código primordial, ou "mentalês", em que toda língua natural é traduzida para ser processada pelo cérebro. Podemos pensar em inglês, mas há razões para se suspeitar que o inglês não é a primeira língua dos ingleses. Sabemos que o processamento de informação se dá nos cérebros de bebês antes que eles tenham aprendido a falar, e que ocorre quando as pessoas estão pensando ativamente em coisas diferentes e também quando estão dormindo. Ao orar, os fiéis têm muitas vezes a experiência de ver seu apelo concluído antes de terem articulado as palavras. Uma intenção pode ser comunicada com um dar de ombros ou um aceno. Podemos ler uma frase não só sem mover os lábios, mas também sem pronunciá-la interiormente em pensamento. Todos temos a experiência de ter uma palavra na ponta da língua quando sabemos o que queremos dizer mas não conseguimos lembrar o termo exato.

É preciso perguntar em que consiste esse processamento pré-verbal de informação. Talvez pensemos às vezes com imagens e não com palavras, mas isso não explicaria todos os casos mencionados. Uma imagem, por si mesma, pode ser ambígua, ao passo que nossos pensamentos, ao que parece, não. A famosa ilusão óptica do pato-coelho na imagem a seguir pode ser vista como um ou outro desses animais, mas não cometemos esse erro quando pensamos em coelhos e patos.

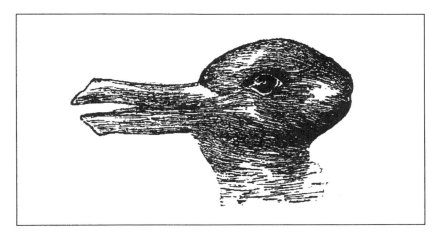

As palavras numa língua natural também podem ser ambíguas. As manchetes "*Four held over bomb are freed*" (*The Times*, Londres, 7 jun 1980) e "*Judge deals blow to Bryant defense*" (<www.cnn.com>, quinta-feira, 22 abr 2004) poderiam ser entendidas de duas maneiras.* Os jornalistas que escreveram essas palavras, porém, presumivelmente sabiam muito bem o que queriam dizer e só podiam compreender os próprios pensamentos de uma única maneira. Como escreve o psicólogo cognitivo norte-americano Steven Pinker, "se pode haver dois pensamentos correspondendo a uma palavra, conclui-se que pensamentos não podem ser palavras".[1]

Pinker fala do fator que decide uma ambigüidade desse tipo como um elemento extra na mente. Os filósofos, por outro lado, passaram a maior parte do século XX tentando mostrar que é o contexto que faz a diferença. O sentido de uma frase deveria ser determinado por seu contexto, que poderia abranger tanto outras palavras quanto a maneira como ela é dita. O filósofo austríaco Ludwig Wittgenstein afirmou que os limites da linguagem de uma pessoa denotavam os limites de seu pensamento. Ele acreditava que todos os termos devem ter critérios publicamente disponíveis para seu uso; do contrário, não haveria diferença discernível entre seu emprego correto ou incorreto. Em contraposição, expressões de uma linguagem "privada" — usada somente no diálogo interno de um indivíduo — seriam corretas se "parecessem" apropriadas, o que eliminaria a necessidade de haver diferença entre entender as coisas correta ou incorretamente. Sem critérios impostos por uma comunidade lingüística mais ampla, nenhum termo poderia jamais conservar um significado fixo. No entanto, caso certas características de nossa linguagem sejam comuns a todos os seres humanos, poderíamos desenvolver os mesmos critérios para significado por um caminho diferente. Como Noam Chomsky estabeleceu, a base da linguagem é biológica e assenta-se na história de nossa espécie. Se certos significados fossem sincronizados na comunidade dos mortos, na forma de nossa composição genética, não haveria necessidade

---

* "Quatro detidos por causa da bomba foram libertados" ou "Quatro detidos por porte de maconha foram libertados"; "Juiz ataca defesa de Bryant" ou "Juiz vende cocaína à defesa de Bryant". (N.T.)

de uma subscrição pública de toda a gramática dos vivos, embora isso pudesse ser exigido para alguns traços da linguagem, como o vocabulário. Características humanas partilhadas eram essenciais também no pensamento de Wittgenstein, mas o que ele tinha em mente eram nossas maneiras de experimentar o mundo — como o fato de que partilhamos o mesmo tipo de maquinaria perceptual. Se o modelo do cérebro como processador de informações puder mostrar que partilhamos muito mais que isso, a chamada "virada lingüística" efetuada na filosofia ocidental no início do século XX, em grande parte por ordem de Wittgenstein, terá sido superestimada.

A idéia de um mentalês, ou a "hipótese da linguagem do pensamento" como é conhecida, foi introduzida pelo filósofo norte-americano Jerry Fodor em 1975.[2] Fodor foi colega de Chomsky no MIT durante muito tempo, antes de se mudar para Manhattan em 1986 a fim de lecionar na Universidade Rutgers. Hoje ele mora com a mulher num apartamento de esquina com vista para o Hudson, a uma curta caminhada do Lincoln Center, onde pode se entregar à paixão pela ópera. Fiquei pasmo com seu intelecto e velocidade de pensamento, embora o encanto tenha sido quase quebrado no fim de nosso encontro, quando sua mulher o repreendeu por ter se esquecido novamente de reservar entradas para um concerto. Sua nomeação para a Rutgers deu início à reunião de uma elite intelectual que faz da cidade de Nova York o eixo do mundo filosófico atual. Em parte, isso é um atestado do status de Fodor como um dos poucos gurus vivos da filosofia. Uma figura paternal, bochechuda, parecida com o ator Ernest Borgnine, Fodor parece jovial demais para ser um guru, mas foi qualificado como "o sol em torno do qual todos os planetas gravitavam".[3] Esses planetas incluem agora filósofos como Colin McGinn, Alvin Goldman e Thomas Nagel.

Fodor gosta de usar a analogia das linguagens de computador para explicar sua posição. Os códigos que os programadores usam parecem diabolicamente complexos para o leigo, mas não são a linguagem "real" do computador. Linguagens de programação como C++ e Java são simplificações relativamente amigáveis do que é requerido para fazer com que computadores de mesa façam o que pedimos deles. A verdadeira linguagem "compreendida" por nosso PC é o código de máquina — uma série de uns e zeros em que todas as linguagens de programação têm de ser traduzidas para que o software funcione. Da mesma maneira, é extremamente improvável que as línguas em que os seres humanos conversam, como inglês e francês, falem diretamente ao cérebro no nível em que o pensamento acontece. Sem dúvida parece que pensamos em inglês, mas computadores também parecem funcionar em C++ ou Java para quem não sabe que isso é impossível. Fodor usa ainda o exemplo dos animais, muitos dos quais claramente empregam pensamento ao planejar uma caça e resolver outros problemas, assim como ao aprender, embora não possuam linguagem. Corvos, por exemplo, foram vistos desde há muito tempo deixando mexilhões caírem sobre praias de uma grande altura para abri-los. Na Grécia, águias empregam o mesmo processo para abrir cascos de tartarugas, o que se provou fatal para o dramaturgo Ésquilo, que morreu depois que uma águia confundiu sua cabeça calva e lustrosa com uma pedra. Aves não resolveram o problema de como quebrar nozes até que corvos japoneses fizeram a "descoberta" por volta de 1990. Uma equipe de televisão da BBC filmou vários corvos esperando pacientemente numa faixa de pedestres com nozes no bico. Quando o sinal fechava, eles deixavam as nozes no meio da rua e saltavam de novo para a calçada. Depois que as cascas eram esmagadas sob as rodas dos carros e o sinal voltava a fechar, eles avançavam pela rua novamente, com os outros pedestres, para recolher sua refeição.[4] Embora obviamente os animais não possuam a linguagem *humana* e a maioria das espécies pareça não possuir sequer um sistema sofisticado de comunicação, seu comportamento mostra que são capazes de pensamento e planejamento complexos. Presumivelmente, nossos próprios ancestrais foram capazes de comportamento inteligente similar antes de possuir linguagens naturais sofisticadas.

Poderíamos pensar que uma língua natural ricamente desenvolvida permitiria a uma espécie executar um planejamento mais complexo do que usando apenas mentalês — de outro modo, para que serviriam o inglês ou o francês? Mas a alegação de Fodor é que essas línguas foram um avanço tecnológico na expressão e na comunicação, não no pensamento. O que pode ser feito num software de PC escrito em C++ ou em Java depende dos limites do código de máquina, não o contrário. Faria uma diferença se o aprendizado da língua natural pudesse mudar a codificação do mentalês. O mentalês se tornaria então mais do que intertraduzível — formaria línguas parcialmente fundidas. Nesse caso, a língua natural poderia certamente ser o meio do pensamento. Se, como Fodor, acreditamos que isso não ocorre, então há ramificações para a idéia muito difundida de que ela tem o poder de moldar nosso ponto de vista. Segundo a tese do determinismo lingüístico desenvolvida pelos pesquisadores norte-americanos Edward Sapir e Benjamin Lee Whorf nas décadas de 1920 e 1930, o que tomamos pelo mundo real é de fato uma construção impingida ao indivíduo pelas convenções lingüísticas dominantes da sociedade. Em sua maioria, os filósofos nunca levaram muito a sério a ameaça do determinismo lingüístico de moldar as percepções sensoriais. Por exemplo, na língua navajo há uma só palavra para verde e azul, mas, como escreve Pinker, "por mais influente que uma língua possa ser, pareceria absurdo para um fisiologista que ela pudesse interferir na retina e alterar as células ganglionares".[5] Outras variedades de conteúdo mental, contudo, poderiam não ser tão imunes.

A corrente do politicamente correto de nossos dias é descendente direta da tese de Sapir-Whorf. Ela sustenta, por exemplo, que a linguagem sexista leva a pensamentos sexistas, e que estes últimos podem ser abolidos mediante a abolição da primeira. O Big Brother tinha a mesma idéia no romance *1984*, de George Orwell:

> O objetivo da novilíngua era não só fornecer um meio de expressão para a visão de mundo e os hábitos mentais próprios dos devotos do Socing [Socialismo Inglês], mas tornar todos os outros modos de pensamento impossíveis. Pretendia-se que quando a novilíngua tivesse sido adotada de uma vez por todas e a velhilíngua esquecida, um pensamento herético — isto é, um pensamento que divergisse dos princípios do Socing — seria literalmente impensável, pelo menos na medida em que dependesse de palavras.

Seu vocabulário era construído de maneira a dar uma expressão exata e com freqüência muito sutil a todo significado que um membro do Partido pudesse adequadamente desejar expressar, excluindo ao mesmo tempo todos os demais significados e também a possibilidade de se chegar a eles por método indireto. Isso era feito em parte pela invenção de novas palavras e pela destituição das que restavam de significados não ortodoxos, e na medida do possível de todo e qualquer significado secundário... Uma pessoa que crescesse tendo por única língua a novilíngua não saberia que "igual" havia tido outrora o significado secundário de "politicamente igual", ou que "livre" significara anteriormente "intelectualmente livre", da mesma maneira que, por exemplo, uma pessoa que nunca tivesse ouvido falar de xadrez não estaria ciente dos significados secundários ligados a "rainha" ou "torre". Haveria muitos crimes e erros que estaria acima de seu poder cometer, simplesmente por serem inomináveis e portanto inimagináveis.

Se Fodor estiver correto, semelhante política — bem como a dos ideólogos do politicamente correto — estaria fadada ao fracasso, uma vez que os conceitos, por mais indesejáveis que possam ser, são inatos e não dependem da língua natural.

O caráter inato dos conceitos é a conseqüência mais surpreendente da hipótese da linguagem do pensamento. Diferentemente do inglês ou do francês, não aprendemos mentalês, e, se isso é verdade, torna-se um mistério que sejamos capazes de adquirir novos conceitos, uma vez que qualquer um com que topemos será apresentado em inglês — sem nenhuma chave preexistente para traduzi-lo na linguagem do pensamento. Assim, para podermos adquirir novos conceitos, devemos já possuir o código para eles esperando dentro de nós para ser despertado. Dada a nossa história evolucionária, é bem possível que conceitos como "tigre" e "comedor de gente" tenham sido inscritos em nós a certa altura. Mas é menos provável que outros como "satélite", "Internet" e "raio X" tenham sido adquiridos da mesma maneira. A esperança de Fodor é que, por ser o mentalês uma linguagem combinatória composta de vários elementos, conceitos complexos possam ser formados a partir de outros mais simples —

assim como "solteiro" pode ser formado a partir de "homem" e "não casado". Tais palavras poderiam ser eliminadas do dicionário sem prejudicar nossa capacidade de expressão. Não seria demasiado trabalhoso encontrar uma maneira diferente de dizer o que temos em mente. De todo modo, esse não é o caso com palavras como "verde" e "azul", ou mesmo "quente" e "frio". É difícil, se não impossível, defini-las sem usar o conceito em sua definição — donde o perene enigma de como explicar cores para um cego de nascimento. É por isso que os filósofos os denominam conceitos "primitivos". A questão passa a ser, então, quantos de nossos conceitos são primitivos, e a resposta parece ser: grande número deles.

O próprio Fodor acredita que quase todos os nossos conceitos são primitivos. Essa posição nativista particular soa tão absurda que os filósofos costumam se referir a ela como "nativismo desenfreado". Quem quer que tenha cunhado a expressão não devia ter em mente a personalidade suave de seu defensor — mas suas idéias, de todo modo, são bem distintas. Como ele pacientemente me explicou:

> Meu próprio nativismo é muito extremo. Sou cético quanto à existência de um processo de aprendizagem. Não penso que aprender seja uma idéia muito clara, e parece-me que, quando se procura aplicá-lo, o conceito fica cada vez menos claro. Penso que deve haver enorme quantidade de estrutura e informação cognitivas inatas, mas esta é uma visão excêntrica. Acho que, se quisermos saber que conceitos são inatos, devemos nos perguntar quais deles são codificados por uma única palavra. Todos concordam que conceitos primitivos são inatos. Até Locke e Hume pensavam que os conceitos sensoriais eram inatos. Eles não podem ser aprendidos. Assim, os únicos conceitos que podem ser aprendidos são aqueles passíveis de serem reduzidos aos conceitos básicos, sejam eles quais forem. O que estou sugerindo é que todos os conceitos são primitivos. Não penso que "vaca marrom" é um conceito — podemos ver como isso é construído. Mas o vocabulário primitivo tem de ser grande o bastante para abranger tudo que é irredutível, e até onde sabemos, quase tudo quanto há é irredutível.

Lamentavelmente, as tentativas de efetuar tais reduções a conceitos básicos invariavelmente fracassaram. Que possamos desenvolver um número infinito de pensamentos, compreender um número infinito de frases — mesmo as que nunca nos haviam ocorrido antes — é, para Fodor, explicado pelo fato de que o mentalês tem uma semântica compositiva, isto é, as crenças são compostas de vários elementos e têm estrutura combinatória. Infelizmente, era isso que os filósofos costumavam dizer sobre as línguas naturais, e não há razão alguma para supor que teremos mais sucesso estabelecendo as regras para a elusiva linguagem do pensamento que tivemos algum dia com, digamos, o inglês ou o francês. No entanto, isso pode funcionar também facilmente em favor de Fodor. A neurociência ainda está por encontrar algum símbolo em mentalês entre nossos neurônios, mas ela tampouco topou com as palavras de poesia que as pessoas são capazes de recitar ou os números em fórmulas algébricas que os matemáticos conhecem, embora o processamento conceitual deva ocorrer *em algum lugar* do cérebro. Fodor explica:

> Suponha que, assim como você pode olhar uma revista e encontrar frases escritas, haja representações mentais inscritas em sua mente. Elas estão envolvidas em relações causais, exatamente como as frases escritas nas revistas. Isso tem de ser verdade se a teoria estiver certa. O que não sabemos — mas isso realmente não teve importância até agora — é qual a realização neurológica, ou física, ou química dessas coisas. Sabemos que as palavras inscritas em livros são feitas de tinta, mas não conhecemos o fato correspondente no tocante às representações mentais. Minha atitude em relação a este assunto é perfeitamente realista, com "R" maiúsculo. Se a teoria for verdadeira, é verdadeira porque o cérebro, ou o sistema nervoso, ou a alma, ou seja o que for, atua da maneira que ela descreve.

Os empiristas do século XVIII, que negavam a existência de idéias inatas, enfrentaram um problema relacionado ao modo como as representações eram combinadas para criar expressões compostas e conceitos e experiências complexos e escolheram as regras de associação como a resposta. As sugestões do pensador escocês David Hume foram semelhança e contigüidade (ou causa e efeito). Como Fodor salienta, "eles não conseguiam distinguir entre pensar 'a vaca é vermelha' ou 'vaca vermelha' e pensar vermelho e depois vaca porque os dois estão associados". Fodor deseja substituir esse modelo fracassado por um de computação. As associações de Hume careciam de um associador. Isto é, faltava-lhes um "eu" que manipulasse as idéias e impressões para produzir o efeito desejado. A esperança é que valores computacionais sejam capazes de *pensar a si mesmos* sem a necessidade de uma entidade como essa. Como escreve Daniel Dennett, que em geral é pouco indulgente: "Talvez a noção à primeira vista absurda de representações que compreendem a si mesmas seja uma idéia cujo tempo chegou, pois o que são as 'estruturas de dados' da ciência dos computadores senão precisamente isto — representações que compreendem a si mesmas? Num computador, um comando para cavar é dado diretamente à pá, eliminando o intermediário que compreende e obedece."[6] Como Dennett acrescenta, podemos preferir pensar que é precisamente por causa dessa falta de um intermediário inteligente que computadores não contêm representações, mas isso é rejeitar um dos avanços mais promissores em toda a filosofia. O próprio Fodor o descreve como "a melhor estratégia de investigação que se tornou visível até agora. Se ela não funcionar, aprenderemos muito com seu não-funcionamento. Ela não deixará de funcionar por razões triviais."

A teoria de Fodor é o tipo de especulação que todos os filósofos ocidentais praticavam antes que a "virada lingüística" do início do século XX os convencesse a se ater à análise conceitual e deixar a compreensão da natureza para os cientistas. É uma filosofia como protociência, que, se bem-sucedida, poderia gerar uma nova disciplina empírica pela primeira vez desde que Noam Chomsky inventou a lingüística. Caso se prove que a "língua de Babel" há tanto tempo perdida realmente existiu, isso abriria a possibilidade de que, assim como o cérebro processa os dados de nossos sentidos para tornar o mundo externo inteligível, ele também distorça nossos pensamentos quando os envia para o mundo como fala.

9

PÓS-MODERNISMO E PRAGMATISMO

"Para ser comandada, a Natureza deve ser obedecida."

Francis Bacon

"*Supremo ceticismo* — Que são, em última análise, as verdades do homem? Meramente seus erros *irrefutáveis*?"

Friedrich Nietzsche

"O relativismo, como o ceticismo, é uma dessas doutrinas que a esta altura já foram refutadas vezes demais. Talvez não haja sinal mais seguro de que uma doutrina encarna alguma verdade que não deve ser negligenciada que o fato de ter sido necessário, na história da filosofia, refutá-la repetidamente. Doutrinas genuinamente refutáveis só precisam ser refutadas uma vez."

Alasdair MacIntyre

"Não me fale sobre a era pós-moderna. Pelo amor de Deus, ainda não estamos nem da idade moderna. Ainda há 150 milhões de pessoas nos Estados Unidos que acreditam no Gênesis."

Simon Critchley

CONSTA QUE POUCO DEPOIS dos ataques terroristas de 11 de setembro nos Estados Unidos, um defensor do Partido da Lei Natural tentou se oferecer para o programa de defesa do presidente George W. Bush contra mísseis balísticos. O major Kulwant Singh, ex-oficial do Exército Indiano, teria proposto que dez a 25 mil iogues levitadores poderiam gerar energia de meditação suficiente para desviar qualquer ameaça dirigida aos

Estados Unidos e seus aliados.[1] Infelizmente, é preciso mais do que pensamento positivo quando a sobrevivência nacional está em jogo, e foi a Lockheed Martin que ganhou devidamente o contrato. O major Singh foi a expressão extrema de uma convicção comum: a de que se acreditarmos em alguma coisa com intensidade suficiente, isso contribuirá para que ela se realize. Para alguns, isso é um auxílio inofensivo à automotivação; para outros, uma maneira de viver. Por exemplo, segundo a fé wicca, os cristãos vão para o céu quando morrem, ao passo que os vikings vão para Valhalla, os budistas são reencarnados e os ateus dormem o sono eterno. Os wiccanos professam a doutrina de que aquilo que você acredita que está à sua espera após a morte, seja o que for, de fato se realizará. Quem sabe depois da morte, porque antes dela isso certamente não acontece. Todos sabemos que há uma ligação entre o que acreditamos que vai acontecer e o que percebemos subseqüentemente, mas não há nenhuma prova de que isso afete o que realmente ocorre. A realidade não se preocupa em corresponder à expectativa humana, mesmo sob o peso das crenças de 400 mil devotos da religião que mais cresce nos Estados Unidos. Afinal, centenas de milhões acreditaram outrora que a Terra era chata e isso não tornou o globo em nada menos redondo.

A crença de que podemos moldar o mundo pensando sobre ele esteve por trás da ressurgência periódica do relativismo. O relativista acredita que não há uma Suprema Corte capaz de estabelecer a verdade de um julgamento, somente jurisdições menores e concorrentes de uma cultura, uma sociedade ou um indivíduo. O primeiro pensador a esposar a teoria foi o sofista grego Protágoras, que afirmou: "O homem é a medida de todas as coisas que são, enquanto são, e das coisas que não são, enquanto não são." Sócrates, o pai da filosofia ocidental, definiu-se em parte em oposição a essa idéia. Notou um paradoxo no relativismo, assinalando que, se nenhum julgamento fosse objetivamente verdadeiro, isso se aplicaria também à verdade do próprio relativismo.

O relativismo recebeu um novo alento no século XVIII, quando o filósofo alemão Immanuel Kant propôs que o espaço e o tempo não são características inerentes do mundo à nossa volta, mas maneiras segundo as quais nossa mente ordena nossas experiências. Isso é sem dúvida verdade em certa medida. Os zoólogos nos dizem que diferentes animais percebem a passagem do tempo de maneiras diferentes. Por exemplo, no sistema óptico de um estorninho, os quadros se sucedem num ritmo diferente do nosso, de modo que, se pudéssemos ver através dos olhos dessa ave, talvez o mundo parecesse se mover em câmara lenta se comparado ao ritmo a que estamos acostumados. Programas de televisão transmitidos em sete quadros por minuto parecem perfeitos para olhos humanos, mas para um estorninho pareceriam insuportavelmente desarticulados — como se iluminados por um estroboscópio. A diferença nas percepções de um estorninho não resulta da vontade da ave — ela não "quer" ver os movimentos de sua presa em câmara lenta, essa é simplesmente a maneira como seu sistema nervoso funciona. Tampouco essa é uma ilusão que "agrada" à ave ou lhe permite "viver em paz com o mundo". Trata-se antes do resultado das pressões da seleção natural — para não morrer de fome, estorninhos precisam acompanhar e interceptar insetos rápidos no vôo. Com seres humanos, suspeitamos que as coisas são mais complicadas.

No entanto, dizer que nossas mentes ordenam o modo como percebemos o mundo não significa que tenhamos por isso qualquer *poder* sobre o modo como o mundo é. Anti-realistas — até os iogues levitadores do major Singh — não são melhores em atos de controle da matéria pela mente do que o resto de nós, por mais tempo que passem meditando. Pois, mesmo que o mundo seja de fato "irreal" e criado de alguma maneira pela mente, isso não o torna necessariamente mais maleável aos nossos desejos. Como Immanuel Kant afirmou, talvez não sejamos capazes de ordenar o mundo de nenhuma outra maneira além desta como o fazemos. Um mundo estruturado pela mente de acordo com leis estritas sobre as quais não temos nenhum controle começa a se parecer mais com a realidade externa concreta do senso comum que com a fantasia ilusória de um louco ou de um místico. Que a construção do mundo ocorra em parte dentro de nossos crânios não ajuda a pô-lo sob o poder de nossas mentes. O que importa é que, embora o caráter do mundo talvez não possa existir independentemente de nosso maquinismo perceptual, ele existe de todo modo independentemente de nossos desejos, o que dá quase no mesmo.

É tentador dividir o mundo entre aqueles aspectos que dependem de observadores humanos e aqueles que não dependem, e depois considerar esta última variedade mais real ou objetiva que a primeira. Os fenômenos dependentes do homem podem então fornecer uma janela para o relativismo. Mas a percepção é uma forma de causa e efeito como qualquer outra interação no mundo. O modo como uma poltrona forma uma imagem na retina de uma pessoa não é diferente, no sentido relevante, do modo como ela desloca o ar ou esmaga o tapete sobre o qual está. Contudo, há uma longa tradição na filosofia ocidental de privilegiar o tapete em vez do ocupante da cadeira. O filósofo inglês do século XVII John Locke propôs que os objetos exibem dois tipos de qualidade, que chamou de "primárias" e "secundárias". Qualidades primárias são aquelas supostamente inatas, como forma e massa, ao passo que qualidades secundárias são características como cor, que requerem um observador. Assim, se nunca tivesse havido pessoas, o monte Everest não seria cinza e branco, mas pesaria de todo modo milhões de toneladas. No entanto, alguma coisa precisa interagir com o Everest mesmo no caso de suas qualidades mais grosseiras, e, se a existência do solo sob a montanha fosse tão efêmera quanto a do olhar de um sherpa, não encontraríamos razão alguma para fazer uma distinção de categoria entre seu colorido e sua massa. A única diferença é que as pessoas vêm observando os matizes do Everest há apenas uma fração minúscula da história da Terra, ao passo que a placa continental sobre a qual ele repousa está no lugar há muito mais tempo. Parece que a teoria de Locke equivale a um preconceito contra a brevidade.

Além das faculdades perceptuais normais que nos permitem caçar para obter alimento, ganhar uma renda e, em geral, assegurar nosso bem-estar físico, os filósofos imaginaram que há outras usadas para assegurar nossa sobrevivência *psicológica*, permitindo enfrentar a perspectiva da morte e as pressões cotidianas da vida que de outro modo nos impeliriam ao suicídio ou à paralisia. Essa modalidade de ilusão é complementada pela orientação deliberadamente incorreta de outros para a meta da sobrevivência *social* ou *política*. Podemos pensar nas noções de superioridade racial que permitiram aos nazistas manter o poder apelando para os preconceitos comuns da década de 1930, ou à crença de que o lugar da mulher é dentro de casa. O problema é como distinguir entre estratégias de enfrentamento e percepções genuínas da verdade.

A resposta do relativista moderno é que não podemos fazer essa distinção, porque não há diferença. Foram necessárias as mentes desconfiadas de dois compatriotas de Kant, Karl Marx e Friedrich Nietzsche, para destronar a razão de uma vez por todas para uma parte dos filósofos. Embora eles mesmos fossem mestres da razão, os dois pensadores demonstraram-lhe por vezes escasso respeito. Fizeram-no sem se envergonhar, pois a razão tal como a compreendemos era, para Marx, um instrumento da luta de classes e, para Nietzsche, um instrumento da Vontade de Poder do indivíduo. Seus seguidores imitaram esses traços — os marxistas reinterpretando a história para seus próprios fins sem escrúpulos; os nietzschianos deleitando-se com os paradoxos e contradições do pensamento de seu herói. Como seres humanos individuais, os marxistas vêem a verdade como algo que tem de ser sacrificado ocasionalmente a serviço de uma Verdade mais elevada — a doutrina do materialismo dialético, que prevê a vitória do proletariado. Para os nietzschianos, a verdade é o que esmaga mentiras mais fracas, fazendo-o pela força e não através de qualquer correspondência trivial com os fatos. Ironicamente, ambas as figuras passaram a ser usadas ultimamente como instrumentos para divinizar uma verdade ainda mais elevada, ou melhor, uma ausência dela. Trata-se da visão de mundo pós-moderna niilista, em que a "Verdade" é vista como um estágio na história que agora superamos.

Pouco antes de sua morte, o filósofo inglês Bernard Williams advertiu que a popularidade dessa crença "indica um perigo de que nossas atividades intelectuais, particularmente nas humanidades, possam se despedaçar". Sua preocupação era que o fim da verdade significasse o fim da honestidade e da integridade: "Se você realmente não acredita na existência da verdade, a paixão pela veracidade será uma paixão pelo quê?"[2] Filósofos pós-modernos ficariam extremamente satisfeitos em dar respostas para essa pergunta na forma de motivos ideológicos. De fato, na tradição européia continental recente, todos os problemas filosóficos têm sido interpretados como uma questão política, cuja resposta é em geral uma ou outra forma de marxismo. Inspirados por Nietzsche, os seguidores dessa tradição não procuram substituir razões existentes por razões alternativas — eles desejam abolir inteiramente as razões e substituí-las por motivos, por vezes freudianos e por vezes econômicos. Isto é, querem substituir o principal "motivo" da sociedade pós-iluminista — a razão — pelos seus próprios fins ideológicos. A razão deve ser analisada em termos de poder, não o contrário. No entanto, depois que a autoridade for reduzida a poder bruto, será, como diz Williams, "sempre um erro para uma minoria ou o partido em desvantagem reduzir as coisas ao cômputo final, pois no cômputo final eles não passam de uma minoria".[3]

Se há algo familiar no ataque continental ao Iluminismo, é que a análise dos motivos que um adversário tem para conservar sua crença, e não suas razões para tanto, é uma variante do ataque *ad hominem*. É uma maneira de rejeitar crenças que se provam resistentes à refutação lógica. Em vez de impugnar a religião ou os hábitos sexuais da vítima, os pós-modernistas imaginam-se menos grosseiros por avaliar sua educação e interesses de classe. A única diferença é que partem dessa abordagem em vez de recorrer a ela em última instância. Para um pós-modernista, o imperialismo é uma espécie de pecado original a assegurar que nada do que fazemos ou afirmamos está livre dos interesses do poder. O desafio tradicional à autoridade da razão para julgar entre as percepções de diferentes pessoas era o medo de que o capricho, a bebida ou drogas pudessem prejudicar a imparcialidade. Os céticos do mundo antigo nunca imaginaram o rol de preconceitos que supostamente alimentamos hoje, em decorrência de gênero, classe social e linguagem.

Nem as ciências naturais estão imunes a esse ataque. O pós-modernista francês Jean-François Lyotard afirmou que havia duas variedades de conhecimento: o científico e o narrativo. O segundo é o que sustenta instituições sociais, valores e convenções cooperativas, e consiste em mitos, lendas e histórias populares. Esse conhecimento obviamente bateu em retirada nos últimos tempos em face do conhecimento lógico, mais abstrato, oferecido pelas ciências. Ele simplesmente não consegue corresponder aos padrões de evidência e argumentação rigorosa de seu rival. No entanto, Lyotard alega que a ciência não pode coroar a si mesma como a verdadeira forma de conhecimento sem recorrer à forma narrativa que despreza. Vale a pena ver o que acontece quando isso se dá.

Em 1999, um painel de botânicos pediu que o sistema de taxonomia baseado no bom senso de Lineu fosse substituído por um que refletisse a história genética de cada espécie, exibida em seu DNA. Afirmou-se que o esquema representaria os verdadeiros laços de família entre organismos, em vez de categorias humanas idiossincráticas. Em certo sentido, essa derrubada da velha ordem constitui um avanço político por parte dos biólogos moleculares sobre os zoólogos. Contanto que saibamos qual espécie está realmente relacionada a qual, não importa que os lírios e as orquídeas apareçam na mesma seção de uma enciclopédia, embora não estejam diretamente relacionados em nada, exceto a aparência. Não há razão para não agruparmos os organismos segundo suas formas em vez de por suas similaridades genéticas, se assim o quisermos. O *establishment* científico julgou que a nova taxonomia é a mais útil para seus propósitos, mas por que os propósitos dos cientistas deveriam se sobrepor aos dos horticultores? No entanto, o que os cientistas não estavam tentando em momento algum era mudar os fatos. A revolução que desejavam fazer era, em última análise, de mera rotulação. Posições políticas incomuns que realmente reivindicam uma apreensão substantivamente diferente dos fatos conhecidos têm o hábito de se descrever de forma errada, pois o que oferecem na verdade é uma explicação diferente do que esses fatos efetivamente são. Pode-se revelar que, em sua maior parte, os casos de coloração política são explicações subjetivas comuns dos fatos disponíveis a qualquer pessoa de qualquer crença, pois quando um geneticista racista olhou o DNA humano ao microscópio, deve ter visto a mesma coisa que qualquer outro geneticista. Suas inclinações políticas podem tê-lo levado a rejeitar as evidências de seus sentidos, e ele pode ter decidido imputar mais do que seus instrumentos podiam medir, mas ele teria diferido de pesquisadores opositores pela falta de honestidade, não de visão.

Os pós-modernistas afirmaram também que a questão não está nas mãos dos indivíduos e em sua integridade, pois a podridão penetra até as próprias palavras e conceitos que usamos, tornando a linguagem algo muito distante da ferramenta neutra que imaginamos ser. Por exemplo, o falecido filósofo francês Jacques Derrida sustentou que nossos valores requerem um envolvimento com seus opostos e que isso infecta cada julgamento nosso com "oposições binárias" paradoxais. Isso pretende ser uma teoria verdadeira em que ainda não acreditamos, mas de fato é uma teoria falsa em que não podemos deixar de acreditar. Segundo Derrida, o conceito de herói requer que haja um vilão, mas um herói de momento pode salvar uma criança de um prédio em chamas sem que haja um incendiário responsável pelo fogo. Tendemos a procurar um bode expiatório — seja ele um indivíduo, um deus ou, através de um deus, nós mesmos. Desse modo, como uma observação sobre a psicologia humana, a idéia de Derrida é plausível, mas não pode resistir como avaliação da lógica dos valores. O pós-modernista francês Jean Baudrillard tem uma posição similar à de Derrida, sustentando, por exemplo, que o governo age às vezes como um flagelador durante os anos de peste, punindo a si mesmo para evitar uma punição maior por Deus ou, nesse caso, pelas massas oprimidas. Assim, o sistema político gera escândalos que periodicamente purificam os centros do poder sem correr o risco de uma grave sublevação, mais ou menos como o corpo se beneficia de pequenas doses de doença na forma de inoculação.

A dualidade de todos os conceitos, sustenta-se, pode ter conseqüências extremas — até e inclusive o próprio Holocausto. O sociólogo polonês Zygmunt Bauman escreveu:

O terror inarticulado que permeia nossa memória coletiva do Holocausto ... é a desconfiança corrosiva de que o Holocausto pode ter sido mais do que uma aberração, mais do que um desvio de um caminho de progresso em geral reto, mais do que um crescimento canceroso no corpo em geral saudável da sociedade civilizada. ... Desconfiamos ... que o Holocausto pode ter meramente revelado uma segunda face da mesma sociedade moderna cuja primeira face, tão familiar, admiramos tanto.[4]

Comentando a racionalidade industrializada dos campos de concentração, as estradas de ferro para Auschwitz e a construção das câmaras de gás, Bauman afirmou que era difícil separar a "racionalidade do mal" do "mal da racionalidade". Contudo, podemos ser gratos pelo fato de milhões de norte-americanos, britânicos, australianos e escandinavos terem achado bem fácil fazer isso. Eles perseguiram o projeto do Iluminismo sem cair em nenhum desses dois males gêmeos, o fascismo e o comunismo. Ao contrário do que alguns intelectuais acreditam, o mundo não enlouqueceu na década de 1930 — só a Rússia e a Alemanha o fizeram. É razoável supor que, se um muro de 30 metros de altura tivesse sido construído em volta das fronteiras desta última em 1913, a Europa teria sido uma região tranqüila entre o início e meados do século XX. As exigências da racionalidade não se aplicam somente aos meios que empregamos, mas também aos fins a que esses meios são dirigidos. O Iluminismo foi um movimento humanístico, não uma transformação da racionalidade em fetiche sem nenhuma preocupação com as conseqüências.

É preciso observar aqui que qualquer crítica do pensamento pós-moderno corre o risco de compreender mal seus defensores. Isso porque eles tendem a expressar suas idéias numa prosa inescrutavelmente nebulosa. André Comte-Sponville, um dos mais lúcidos filósofos franceses vivos, escreveu acerca desse fenômeno: "Águas rasas só podem parecer profundas se forem turvas." É difícil não dar razão a ele quando lemos a obra gloriosamente sem sentido produzida por seus compatriotas. Aqui está um excerto típico do psiquiatra transformado em filósofo Felix Guattari:

Podemos ver claramente que não há nenhuma correspondência biunívoca entre vínculos lineares significantes ou arquiescrita, dependendo do autor, e esta catálise multidimensional, multirreferencial. A simetria de escala, a transversalidade, o caráter pático não discursivo de sua expansão: todas essas três dimensões nos afastam da lógica do meio excluído e nos reforçam em nossa rejeição do binarismo ontológico que criticamos previamente.[5]

Derrida queixou-se de que filósofos como Roger Scruton consideram-no, equivocadamente, um niilista, mas um argumento recorrente em sua própria obra é que não pode haver interpretação inequívoca de coisa alguma. Irritantemente, ele se recusava a fornecer uma definição de "desconstrução", termo com que seu pensamento foi mais estreitamente identificado. Ao mesmo tempo, queixava-se constantemente da maneira como a palavra era usada, e sustentava que a falta de um significado fixo para nossas palavras e conceitos não eximiam os escritores de expressá-los claramente. Em 1998, quando um repórter do *New York Times* teve a temeridade de sugerir a Derrida que ele faria bem em seguir seu próprio conselho, o filósofo retrucou asperamente: "Por que você não questiona um físico ou matemático sobre dificuldade?" A diferença é que um físico ou matemático está tentando compreender as coisas corretamente, e constata que para isso precisa empregar termos difíceis. Derrida procurava a dificuldade acima de tudo — não porque essa qualidade fosse necessária para se chegar à resposta certa, mas porque era uma fonte fértil de pensamentos filosóficos pretensamente interessantes. Embora ele seja famoso por seu charme, não posso dar uma impressão pessoal de Derrida, pois ele se recusou a ser entrevistado e me acordou com um telefonema às sete e meia da manhã para dizer isso. Voltei para a cama e, quando acordei, uma hora depois, não sabia ao certo se aquela conversa fora sonho ou realidade. Escrevi-lhe novamente para tirar isso a limpo, e obtive uma resposta de apenas uma linha: "Monsieur Fearn, o senhor não estava sonhando." Pelo menos ele foi claro.

Um comentador observa: "É sempre possível que uma leitura mais extensa ou mais penetrante da obra de Derrida, ou de *Mein Kampf*, ou de *A história dos coelhinhos Flopsy*, venha a revelar profundezas previamente insuspeitadas de significado; mas a vida é curta demais para darmos a todos o benefício da dúvida."[6] Em contraposição, os próprios pós-modernistas demonstraram assombrosa paciência e boa vontade, entre eles os editores da respeitada revista *Social Text*. Eles não desconfiaram de nada quando Alan Sokal, professor de física na Universidade de New York, enviou-lhes um artigo intitulado "Transgredindo fronteiras: Para uma hermenêutica transformativa da gravidade quântica", em que zombava do "dogma" segundo o qual

> existe um mundo externo cujas propriedades são independentes de qualquer ser humano individual e de fato da humanidade como um todo; essas propriedades estão codificadas em leis físicas "eternas"; e os seres humanos podem obter conhecimento confiável, embora imperfeito e provisório, dessas leis atendo-se estritamente aos procedimentos "objetivos" e às restrições epistemológicas prescritas pelo (chamado) método científico.[7]

Sokal pregou uma peça destinada a desmascarar os abusos endêmicos num certo setor da filosofia — um setor em que afirmações científicas mal compreendidas são tomadas fora de contexto e usadas para sustentar a verborragia de charlatães intelectuais. A paródia foi deliberadamente polvilhada de absurdos, entre eles a sugestão de que o valor da constante matemática π muda segundo as atitudes da época. No entanto, nada de extraordinário foi percebido até que o próprio autor revelasse sua intenção. O episódio mostrou que, enquanto os filósofos que trabalham na tradição analítica anglo-americana são formados para duvidar da verdade de posições incompreensíveis, seus colegas na escola pós-moderna franco-americana preferem pensar que, se não podem ser compreendidos, devem ter alguma coisa a dizer.[8] O logro de Sokal confirmou que a refutação da visão de mundo pós-moderna é mais bem efetuada não através da razão — pelo menos não caso se queira que seus alvos escutem —, mas sim do tipo de método que seus opositores empregam. Os pós-modernistas atraem pensadores que respeitam as idéias mais por suas qualidades estéticas que por sua veracidade. Quando suas teorias não correspondem aos dados disponíveis, é mais simples para eles obter uma nova teoria da verdade que abrir mão de suas idéias mais caras, especialmente aquelas sobre as quais se assenta seu prestígio profissional.

Ataques à idéia de verdade tendem a seguir revoluções em nossas crenças. Para uma geração de filósofos europeus, a morte do marxismo significou o fim do projeto iluminista, e os mais brilhantes comentadores dos dois lados do Atlântico repetidamente fizeram papel de bobos com suas crenças. Imagine alguém que parte de uma devoção frustrada à lei da sharia, converte-se ao fascismo e depois ao comunismo revolucionário. A explicação mais simples nesse caso é que essa pessoa não se adapta a esquemas grandiosos e faria melhor ficando longe da política. Com notável freqüência, porém, concluiremos que o problema reside não em suas próprias capacidades cognitivas, mas no status da própria verdade. Eles estão decididos a não se deixar enganar de novo, por isso optam por rejeitar as asserções superiores de qualquer sistema, inclusive da democracia liberal. Assim cometem uma asneira ainda maior — pensando que nunca realmente cometeram nenhum erro, porque *não é possível* cometer erros.

Dado o desfile de erros que é a história da filosofia, era inevitável que a idéia de verdade passasse a ser objeto de permanente ataque em algum momento. Quando isso aconteceu, não foi surpresa que tenha sido promovido por aqueles com "distúrbio pós-traumático da verdade" provocado por anos de mau julgamento. Lyotard — talvez o mais extremo dos principais pós-modernistas — foi outrora um marxista, anos antes de escrever: "Não podemos mais recorrer à narrativa grandiosa — não podemos recorrer tampouco à dialética do Espírito e nem mesmo à emancipação da humanidade para validar o discurso científico pós-moderno."[9] O pragmatista norte-americano Richard Rorty disse o mesmo sobre seus supostos aliados: "É como se pensadores como Foucault e Lyotard tivessem tanto medo de ser apanhados em mais uma metanarrativa sobre as vicissitudes do 'sujeito' que não conseguem mais se forçar a dizer 'nós' por tempo suficiente para se identificar com a cultura da geração a que pertencem."[10] O mais das vezes, os filósofos dos motivos são eles próprios os únicos responsáveis pelos preconceitos que imaginam que todos os demais alimentam. Mais do que tudo, sua obra realizou uma autodescrição. Como aqueles que acreditam que os ataques terroristas de 11 de setembro de 2001 foram parte de uma conspiração judaica, sua atitude em relação à verdade demonstra que o ceticismo levado longe o bastante se torna credulidade.

Uma forma contrastante de pós-modernismo se desenvolveu nos Estados Unidos. Enquanto a tradição nietzschiana européia fala de verdades moldadas à força por vontades beligerantes, a tradição pragmática norte-americana deseja que verdades sejam alimentadas e moldadas para ajudar todos nós a avançar. O pragmatismo é a idéia de que crenças "verdadeiras" são aquelas que contribuem para uma interação bem-sucedida com o mundo. Como Rorty — seu expoente mais eloqüente — o expressa: "O pragmatista abandona por completo a noção de verdade como correspondência com a realidade e diz que a ciência moderna não nos permite enfrentar as dificuldades porque faz essa correspondência, ela simplesmente nos permite enfrentar as dificuldades." Embora seja muitas vezes rejeitado como um relativista vestido a rigor, Rorty goza de respeito ressentido entre os filósofos analíticos da corrente dominante. Isso é em parte por ter sido outrora um célebre membro da escola deles, mais ou menos como um pintor abstrato que ganhou a estima de seus pares de inclinação clássica ao demonstrar que é também um excelente desenhista. Graças à qualidade de sua prosa, ele é também um dos poucos filósofos acadêmicos que conquistaram audiência fora de sua disciplina. Os livros de Rorty encantaram os leitores, mas parecem não ter tido esse efeito sobre o próprio autor. A energia e o humor malicioso de sua obra escrita é uma fonte de surpresa para os que o conhecem pessoalmente, pois ele dá a impressão de ser um homem num desespero tão profundo que alguns de seus colegas filósofos se referem a ele afetuosamente como "Bisonho", em alusão ao deprimido burrinho amigo do Ursinho Puff. Quando conheci Rorty na Universidade de Stanford, o sol, o céu claro e o campus em estilo de missão espanhola formavam um cenário estranho para um homem entediado com a disciplina que lhe deu certa fama. Disse-me que era grato a pensadores como Derrida, porque "sem eles a filosofia seria ainda mais enfadonha do que é".

Segundo Rorty, o pragmatismo não é uma doutrina positiva. "Trata-se simplesmente de dizer que não precisamos de metafísica, não precisamos de epistemologia, não precisamos de uma semântica para a linguagem natural — não precisamos de muitas das coisas que as pessoas pensam serem essenciais para a clareza do pensamento. Não é uma nova sugestão positiva maravilhosa. É basicamente um empreendimento terapêutico." E é melhor que seja assim, acredita ele, porque

> vários séculos de esforço não conseguiram dar um sentido interessante à noção de "correspondência" (seja dos pensamentos com as coisas ou das palavras com as coisas). O pragmatista considera que a moral dessa história desalentadora é que dizer "sentenças verdadeiras funcionam porque correspondem ao modo como as coisas são" não é mais iluminador que dizer "é certo porque satisfaz a Lei Moral"... Ele sustenta que não há diferença pragmática, nenhuma diferença que faça uma diferença, entre "funciona porque é verdadeiro" e "é verdadeiro porque funciona" — exatamente como não há diferença entre "é piedoso porque os deuses o amam" e "os deuses o amam porque é piedoso".[11]

Sob as doutrinas da verdade e do significado do início do século XX, sustentava-se que a correspondência da linguagem com a realidade se dava parte por parte, com componentes distintos da linguagem mapeando partes distintas do mundo à nossa volta. Isso era concebido como um contato direto e puro, embora não o compreendêssemos plenamente. Rorty concorda na medida em que o uso das palavras e frases da linguagem é "tão direto quanto o contato com realidade pode ser (tão direto quanto chutar pedras, por exemplo)". A falácia, ele acredita, "está em pensar que a relação entre vocábulo e realidade pode ser parte por parte (como a relação entre chutes individuais e pedras individuais), uma questão de distintas capacidades componenciais de entrar em contato com nacos distintos da realidade".[12]

No entanto, livrar-se dessa relação discreta não significa livrar-se da verdade. O falecido filósofo norte-americano Donald Davidson, que Rorty muito admirava, escreveu:

Se eu estivesse aparafusado ao chão, não teria como determinar a distância entre mim e muitos objetos. Só saberia dizer onde estavam em algumas linhas traçadas entre mim e eles. Poderia interagir com sucesso com os objetos, mas não teria como responder satisfatoriamente à pergunta de onde estavam. Não estando aparafusado, sou livre para triangular. Nosso senso de objetividade é a conseqüência de uma outra espécie de triangulação, que requer duas criaturas. Cada uma interage com um objeto, mas o que dá a cada uma a noção do modo como as coisas são objetivamente é a linha de base formada entre as criaturas pela linguagem. É somente o fato de elas partilharem um conceito de verdade que dá sentido à afirmação de que têm crenças, de que são capazes de atribuir aos objetos um lugar no mundo público.[13]

Parece que a objetividade poderia ser algo como uma imagem tridimensional do mundo formada a partir das representações visuais bidimensionais que são dadas por nossos olhos. Isso significa que conhecer alguma coisa "objetivamente" é semelhante a simplesmente *conhecer mais sobre ela* da maneira comum. O mundo objetivo é o mundo normal, não algum reino celeste.

Há ecos da idéia de Davidson na seguinte passagem de Rorty:

As idéias de "descobrir a natureza intrínseca da realidade física" e "elucidar nossas obrigações morais incondicionais" são igualmente desagradáveis para os pragmatistas porque ambas pressupõem a existência de algo não relacional, algo isento das vicissitudes do tempo e da história, algo não afetado pelos cambiantes interesses e necessidades humanos. Ambas as idéias devem ser substituídas, pensam os pragmatistas, por metáforas de amplitude em vez de metáforas de altura ou profundidade. O progresso científico é uma questão de integrar cada vez mais dados a uma teia coerente de crença. ... Não uma questão de penetrar a aparência até atingir a realidade. O progresso moral é uma questão de solidariedade cada vez mais ampla, não de elevar-se do sentimental para o racional. Não é tampouco uma questão de apelar a partir de tribunais mais baixos, possivelmente corruptos, para um tribunal superior que administra uma lei moral anistórica, incorruptível, transcultural.[14]

No entanto, a triangulação de Davidson envolve de fato um componente fora das mentes de observadores humanos trabalhando juntos — a saber, o mundo externo. E este não é menos externo nem menos real por nossa relação com ele ser holística e não parte por parte.

É importante para Rorty que o mundo não seja escrito numa linguagem, por assim dizer, muito menos na *nossa* linguagem, pois está completamente fora de cogitação conseguir que nossa linguagem corresponda à do mundo. Rorty nos dá a impressão de que o sonho científico é menos o de descrever a Natureza e conhecer seus mistérios do que o de reproduzi-la, ser *semelhante* a ela, tornar a vida interna uma analogia da externa. O que quer que a ciência alcance, será escrito numa linguagem criada por seres humanos, mas isso não é um grande obstáculo à objetividade, assim como o fato de minhas palavras serem palavras, e não sóis, planetas e órbitas, não me impede de descrever o movimento do Sistema Solar. Poderíamos pensar que alguma coisa é perdida se nossos pensamentos não se assemelharem ao mundo, mas apenas pertencerem a ele. Mas o que importa é que a relação entre mente e mundo, ou entre linguagem e mundo, se sustenta — isto é, resulta em ação confiável e bem-sucedida.

No entanto, parece haver verdades que não têm nenhuma relação com nossas ações, sejam elas bem-sucedidas ou não. Quando conversei com Rorty em sua sala em Stanford, perguntei-lhe se suas idéias implicavam que não há nenhuma verdade sobre como era o mundo antes de os seres humanos existirem. Ele respondeu:

> Sabemos exatamente como ele era. Era cheio de montanhas e dinossauros e coisas desse gênero. Mas a questão filosófica sobre isso é: "Havia realmente montanhas e dinossauros ou isso é apenas uma maneira humana de falar sobre o que havia?" — e esta me parece ser uma questão tola, pois nada poderia jamais ser pertinente para sua solução e nada poderia jamais depender da resposta para ela.

Infelizmente, muita coisa parece depender dessa resposta para certos indivíduos, como os fundamentalistas cristãos, que acreditam que o mundo tem apenas quatro mil anos de idade. "Pessoas que acreditam nisso têm uma história alternativa para contar sobre como chegamos até aqui", Rorty explicou, "e não me parece que os filósofos possam ajudar em nada a decidir entre o criacionismo e Darwin. Não é preciso ser filósofo para encontrar incoerências no ponto de vista criacionista. A explicação criacionista é tão ruim que qualquer tolo pode perceber incoerências." Parece que é somente para a verdade especificamente *filosófica* que Rorty não tem tempo, e nesse caso os cientistas que consideram suas idéias absurdas poderiam muito provavelmente concordar com ele depois de superar a aversão inicial. Se o ponto crucial do ataque de Rorty é que a filosofia é irrelevante, ninguém precisa se preocupar muito com ele, exceto os filósofos profissionais.

Aquilo com que precisamos nos preocupar é a sugestão de que se nossas palavras terminam não em objetos de referência mas em mais linguagem, esta é um castelo nas nuvens. Em geral, porém, considera-se que os fundamentos da linguagem são os momentos em que o mundo realiza ou frustra nossas expectativas. Se você aguilhoar um filósofo pós-moderno, ele vai sangrar, e se você o matar, ele vai morrer — quer concorde ou não com sua interpretação da morte. A noção de que os significados dependem somente e sempre de outros significados, em vez de penetrar alguma vez no mundo a que se referem, encontra um paralelo na obra do antropólogo Albert Kroebner. "Não se pode admitir que a hereditariedade tenha qualquer papel na história", escreveu ele, "uma vez que todo evento na história humana é condicionado por outros eventos ambientais e nunca pelo que pessoas particulares são de maneira inata."[15] Kroebner não pode estar correto, porque eventos ambientais como inundações e fomes, prosperidades e depressões não teriam nenhuma influência se as pessoas fossem apenas receptores seus. Mesmo que estejamos à mercê deles, será porque nossa natureza os considera irresistíveis, e essa natureza será algo que é inato. De maneira semelhante, a linguagem precisa ter uma base concreta no mundo para começar — um ponto onde se conecte fielmente aos fatos —, ou jamais teria alcançado a ubiqüidade.

Perguntei a Rorty o que poderia nos permitir "compreender corretamente as coisas". Isto é, como o sucesso pragmático de uma crença não termina inevitavelmente numa verdade. "Temos um vocabulário sintético que nos permite, por assim dizer, ir e vir entre vocabulários", explicou ele. "Somos capazes de ver como as coisas se integram de um modo que não podíamos antes. Você pode expressar isso dizendo 'Agora chegamos à Verdade', se quiser, mas isso é apenas uma maneira de se gabar." Perguntei se isso era um sim ou um não, mas ele insistiu:

> É uma maneira de dizer que não importa muito que você chame isso de busca da Verdade ou não. O que importa é que uma certa função social está sendo exercida. O vocabulário de obter representações mentais mais precisas que correspondem mais estreitamente à realidade, e, ao fazê-lo, nos deixam mais próximos da Verdade, é um conjunto de metáforas que sobreviveram à sua utilidade. Não que sejam falsas; é apenas uma maneira um pouco antiquada, desconcertante, de expressar essa coisa.

Protestei, dizendo que, apesar de tudo, a maioria dos cientistas acreditava em Verdade e Realidade. "E a maior parte das pessoas acredita que a moralidade expressa a vontade de Deus também. É apenas uma maneira de se gabar, dizendo: 'Não tenho apenas as seguintes idéias sobre como viver, elas são as idéias de Deus também. Não estou apenas procurando teorias que resolvam mais problemas que outras, estou procurando a *Verdade*.'" Como ele escreveu certa vez:

> O problema com aspirar à verdade é que você não saberia quando a alcançou, mesmo que a tivesse de fato alcançado. Mas você *pode* aspirar a cada vez mais justificações, a cada vez mais mitigar dúvidas. Analogamente, você não pode visar a "fazer o que é certo", porque nunca saberá se atingiu o alvo. Muito depois da sua morte, é possível que pessoas mais bem informadas e mais sofisticadas julguem que sua ação foi um trágico erro, assim como poderão julgar sua crença científica inteligível somente por referência a um paradigma obsoleto. Mas você pode aspirar a uma sensibilidade cada vez maior à dor, e a uma satisfação de um número cada vez maior de diferentes necessidades.[16]

O único problema com necessidades é que as de um grupo podem ser diferentes das de outro. Contudo, Rorty sente apenas desprezo pelo gênero de cosmopolitismo que desculpa a teocracia e a ditadura explicando que direitos humanos são muito bons para culturas eurocêntricas, mas que "uma polícia secreta eficiente, com juízes subservientes, professores e jornalistas à disposição, além de carcereiros e torturadores, é mais adequada para outras culturas". Ele tem esperança de que exista uma comunidade humana universal, mas não pensa que o caminho para isso seja preservar os elementos de cada tradição intelectual e todas as intuições que todo mundo teve algum dia.

> Não será alcançado por uma tentativa de comensurabilidade, de um vocabulário comum que isole a essência humana comum de Aquiles e de Buda, de Lavoisier e Derrida. Ao contrário, será alcançado, se é que será, por atos de feitura, não de descoberta — por realização poética e não filosófica. A cultura que transcenderá, e assim unirá, o Oriente e o Ocidente, ou os terrestres e os galácticos, não será provavelmente uma cultura que fará igual justiça a cada um, mas uma cultura que volte os olhos para ambos com a condescendência divertida típica de gerações posteriores voltando os olhos para seus ancestrais.[17]

Esse tipo de abordagem "espere para ver" sobre valores relativos é o melhor na vida cotidiana. Por exemplo, adolescentes muitas vezes preferem a música pop derivativa das paradas de sucesso à dos "grandes" artistas, mas muitas vezes acabam por apreciar Mozart ou Marvin Gaye caso tenham tempo de ouvi-los.

Segundo Rorty, jogar vários vocabulários e culturas uns contra os outros produz "novas e melhores" maneiras de falar e agir. Por "melhores" ele não quer dizer que sejam superiores segundo algum padrão previamente acordado, mas que passam a "parecer" claramente melhores do que as precedentes.[18] No entanto, podemos achar que "parecer" precisa de explicação. Parte da mudança envolve muitas vezes querer afirmar, no estágio posterior, que compreendemos agora qual era o padrão durante todo o tempo, e que nossas crenças anteriores eram errôneas — quer isso signifique o constrangimento de lembrar o quanto nos achávamos elegantes em nossas calças bocas-de-sino, como éramos ingênuos em exigir uma taxa máxima de 90% de imposto de renda, ou como éramos cruéis ao não nos preocupar com o bem-estar dos animais. Não é como se as mudanças de nossas atitudes fossem experiências místicas.

Algo semelhante a experiências místicas era precisamente o que o filósofo da ciência Thomas Kuhn tinha em mente em *The Structure of Scientific Revolution*. O físico Max Planck escreveu uma vez: "Uma nova verdade científica não triunfa convencendo seus opositores e fazendo-os ver a luz, mas sim porque seus opositores acabam morrendo e cresce uma nova geração mais familiarizada com ela."[19] Fazendo eco a essa observação, Kuhn afirmou que a ciência não progride gradualmente à medida que fatos novos são constantemente descobertos, mas sim por meio de revoluções que ele chamou de "mudanças de paradigma". A investigação atinge periodicamente um ponto de ruptura em que se constata que um novo paradigma — ou idéia dominante — é incompreensível no esquema conceitual de seu predecessor; depois disso, uma nova moldura de idéias — sejam as leis de Newton, a relatividade ou a mecânica quântica — é imposta aos fatos disponíveis. Para Kuhn, não havia nenhum *über*-esquema exterior a ambos os paradigmas que pudesse ser usado para pronunciar a vitória do novo modelo. A partir daí, uma pessoa construtiva pode adotar dois caminhos. Ou dizemos que mudança já foi feita, ou que ela não precisa ser feita — em outras palavras, ou que o novo paradigma não é, de fato, radicalmente novo e pode ser perfeitamente bem compreendido por seus predecessores, ou que ele tem alguma outra maneira de se impor à comunidade científica. Como Martha Nussbaum observou, Aristóteles era um homem inteligente e não teria tido nenhuma dificuldade em compreender a ciência moderna se estivesse vivo hoje. Tendo escrito um dos livros de filosofia que mais venderam em todos os tempos, Kuhn renegou suas idéias antes de morrer.

Como muitos filósofos contemporâneos, Rorty deseja ansiosamente obter a aprovação de Charles Darwin para sua obra. Ele escreve:

A investigação e a justificação são atividades em que nós, usuários da língua, não podemos evitar nos envolver; não precisamos de uma meta chamada "verdade" para nos ajudar a fazer isso, assim como nossos órgãos digestivos não precisam de uma meta chamada "saúde" para fazê-los trabalhar. Os usuários da língua não podem evitar justificar suas crenças e desejos uns para os outros, assim como estômagos não podem evitar triturar alimentos ... Só haveria um objetivo "mais elevado" da investigação, chamado "verdade", se houvesse algo como uma justificação última — justificação perante Deus, ou perante o tribunal da razão, em contraposição a qualquer audiência meramente humana. Mas, dada uma visão darwinista do mundo, não pode haver tal tribunal ... se Darwin estiver certo, a idéia de um tribunal como esse é tão desprovida de sentido como a idéia de que a evolução tem uma meta.[20]

A inexistência de qualquer tribunal ou procurador-geral não significa que não podemos ser nem culpados nem inocentes; significa que não há lugar algum em que o conceito de Verdade possa ter um uso humano. Mas sabemos que um tribunal desse tipo deve existir, pois a alternativa é imaginar que percepções humanas têm o poder de mudar seus objetos. Um filósofo pode acreditar na Verdade sem sustentar que ela deve estar ao nosso alcance.

Quando finalmente perguntei a Rorty se ele não acreditava pelo menos que o próprio pragmatismo era "verdadeiro", ele não pestanejou: "Não é verdadeiro *porque corresponde ao modo como a realidade humana realmente é*. É uma maneira de falar sobre investigação, ciência e assim por diante que suscita menos problemas artificiais que outras maneiras e deixa mais moscas escaparem das garrafas."* Perguntei a mim mesmo qual era a diferença entre dizer que o piso duro de concreto sob minha janela é real e dizer que sempre me machuco quando salto lá fora. Se podemos obter aparência de lei, porque não podemos desse modo ter Realidade? Rorty disse:

---

* Referência à afirmação de Wittgenstein de que sua meta na filosofia era "apontar às moscas a saída da garrafa". (N.T.)

A única diferença é que se você expressar isso da primeira maneira, algum filósofo dirá "Pensemos sobre a natureza da realidade", ao passo que se você o expressar da segunda maneira, pode evitar isso. Há muitas escolhas que você pode fazer que resultarão em desastre, e se você puder chamar isso de o impacto da realidade, ótimo.

Perguntei se sua argumentação havia convencido muitos outros. Com seu suspiro mais profundo, respondeu:

Alguns. Não muitos. Se todos se tornassem pragmatistas, haveria certa sensação de libertação. Assim como o Iluminismo do século XVIII nos libertou para nos tornarmos secularistas, penso que o triunfo de idéias como as minhas eliminaria certa quantidade de inquietação e culpa — "Estarei realmente em contato com a realidade? Estarei usando procedimentos objetivos?" — e, nesse sentido, faria algum bem, mas penso que temos problemas mais urgentes a enfrentar. Gostaria de pensar que as idéias pragmatistas finalmente conquistaram o devido reconhecimento ... mas o mundo não desabará caso isso não tenha acontecido.

10

OS LIMITES DA COMPREENSÃO

"Se o cérebro fosse tão simples que o pudéssemos compreender, seríamos tão simples que não poderíamos fazê-lo."

Emerson Pugh

"Comparar nossos cérebros com o de aves ou golfinhos praticamente não vem ao caso, porque nossos cérebros estão de fato unidos num único sistema cognitivo que eclipsa todos os outros. Estão unidos por uma das inovações que invadiram nossos cérebros e não outros: a linguagem."

Daniel Dennett

"Eu ficaria tão surpreso se os seres humanos pudessem compreender todas as coisas como ficaria se um cachorro pudesse."

Noam Chomsky

Não faltam, no cânone filosófico, tentativas de explicar nossa dificuldade em lidar com problemas profundos. Para Platão, nossa compreensão era limitada pelo mundo de segunda categoria em que nos encontramos; para Kant, os limites eram as fronteiras de nossa imaginação, ao passo que para Wittgenstein eles se encontravam na linguagem que definia essas fronteiras. Cada um desses pensadores, porém, tinha também uma mensagem construtiva. Com Platão, podíamos usar o mundo físico para obter indicações sobre o mundo verdadeiro além dele; com Kant, podíamos investigar o espaço e o tempo mediante o exame de nossas faculdades mentais; e com Wittgenstein podíamos dar mais um passo atrás e elucidar nossa gramática. Dado o fracasso que constitui grande parte de todos esses

Os limites da compreensão

métodos, é surpreendente que tenha levado tanto tempo para que alguém propusesse uma teoria do erro sem um final feliz. Foi Colin McGinn: um filósofo e ex-baterista de punk rock da chuvosa cidade mineradora inglesa de West Hartlepool.

McGinn leciona no mesmo departamento que Jerry Fodor na Rutgers e também mora em Manhattan. Quando estive com ele, acabara de escrever sua autobiografia, *The Making of a Philosopher*.[1] O livro conta a história de um rebelde, mas há pouca ira visível em McGinn, um ginasta talentoso, pequeno e retesado, de cabelo louro platinado e olhos azul-claros. Acho que riu quando seu gato mordeu meu microfone, mas não pude ter certeza porque tem um jeito de zen-budista. Certa vez foi apresentado à atriz Jennifer Aniston numa festa. Embora Aniston tenha ficado impressionada por conhecer um filósofo profissional, o encontro terminou em constrangimento quando ela demonstrou nunca ter ouvido falar de Kant, Descartes ou Bertrand Russell. Posteriormente McGinn se lamentou pelo que descreve como o "desconforto interpessoal" causado à pobre estrela de cinema multimilionária. Jennifer Aniston não foi a única celebridade que ele deixou constrangida. Um dos grandes veteranos da filosofia britânica, Michael Dummett, certa vez lhe dirigiu uma invectiva irritada durante um seminário, e Daniel Dennett rejeitou suas afirmações como "embaraçosas". As afirmações a que Dennett se referia eram corajosas e modestas: a maioria dos problemas filosóficos nunca será resolvida, acredita McGinn, por causa de nossas deficiências intelectuais. O rendimento precário que teve em sala de aula quando menino talvez o tenha influenciado a adotar essa idéia. Ele fracassou em seu exame *eleven-plus*,* e foi enviado para uma escola secundária moderna em Blackpool, mas mesmo assim conseguiu ingressar na Universidade de Manchester, onde seus heróis eram John Lennon e Bertrand Russell — um par que seria difícil imitar ao mesmo tempo. Optando pelo segundo, McGinn começou a fumar a marca de fumo para cachimbo favorita de Russell, na esperança de

---

* Exame feito pelas crianças aos 11 anos para decidir que tipo de escola secundária devem freqüentar.

que isso o tornasse tão inteligente quanto ele. Constatando que não dava certo, passou para Noam Chomsky, que se tornaria sua maior influência. McGinn ficou impressionado com o reverso sombrio da filosofia nativista de Chomsky — o pensamento de que com o conhecimento inato vem a ignorância inata. Se há coisas que está em nossa natureza conhecer, nossa constituição poderia também nos impedir de apreender certas outras verdades.

McGinn fundou a escola filosófica conhecida como os "misterianos" ou os "novos misterianos", para distingui-los dos antigos misterianos dualistas, bem como dos pioneiros do punk rock "? and the Mysterians", famosos pela música "96 Tears" (McGinn é muitas vezes confundido com um membro da banda). Sua exposição clássica da doutrina misteriana, *Problems in Philosophy*,[2] foi provisoriamente intitulada "The Hardness of Philosophy" ("A dificuldade da filosofia"), até que o editor o convenceu de que um livro com esse título jamais venderia. McGinn escreve que há duas espécies de questões: problemas e mistérios. Problemas são aquelas questões que estão dentro de nossa capacidade de responder, ao passo que um mistério é uma questão que está fora de nosso espaço cognitivo:

> É análogo à idéia de itens que se situam fora do espaço fenomenal, perceptual ou afetivo de uma criatura — sensações que ela não pode ter, propriedades que não pode perceber, emoções que não pode experimentar. Se supomos que a criatura possui "órgãos" que definem esses espaços, os mistérios tornam-se questões para as quais a criatura não possui o órgão ou os órgãos intelectuais necessários.[3]

Fazemos tão pouco progresso em filosofia "pela mesma razão por que fazemos tão pouco progresso em vôo sem instrumentos — isto é, porque nos falta o equipamento requerido. Temos lacunas em nossas habilidades cognitivas assim como em nossas habilidades motoras — embora em ambos os casos possamos ver o que nos falta e sentir as frustrações resultantes."[4] Assim, a dificuldade da filosofia não se deve às ambigüidades de nosso esquema conceitual ou à complexidade de suas questões, e não resulta tampouco da falta de sentido destas — é uma simples questão de fisiologia. Não é o caráter intrínseco do assunto que o torna misterioso (ou óbvio). O mundo como tal é simplesmente neutro, mas, em decorrência dos limites de nossa arquitetura cognitiva particular, não o percebemos e compreendemos como tal. McGinn sustenta que nossa impressão de profundidade quando examinamos problemas filosóficos vem de uma tendência a projetar nossas deficiências nos mistérios em questão, suscitando assim o espectro de uma ontologia misteriosa. O assunto dos mistérios não tem status ontológico especial: "Máquinas a vapor não se tornam misteriosas quando o mundo possível em que existem é desprovido de quaisquer criaturas com capacidade mental para compreender seu funcionamento."[5] Muitos pensadores imaginaram um mundo fora do nosso alcance, mas poucos supuseram que ele fosse tão trivial.

Se houver seres inteligentes em outros mundos, as questões que eles vêem como problemas e mistérios podem ser diferentes das nossas. A resposta para uma pergunta que nos parece insolúvel poderia ser bastante óbvia para uma criatura que possuísse faculdades de compreensão radicalmente diferentes. Segundo McGinn, esses seres imaginários se moveriam num "espaço cognitivo" diferente, assim como as aves e os peixes se movem em espaços motores diferentes segundo suas constituições físicas. No entanto, questões que nos parecem simples, como aprender as propriedades básicas do espaço e da matéria, podem parecer insolúveis para eles. McGinn sugere a possibilidade de seres incapazes de conceber números negativos. Também podemos imaginar a perplexidade com que os habitantes de um universo bidimensional acolheriam a idéia de objetos tridimensionais, ou como seria difícil para alguém que tivesse nascido sem córtex visual imaginar a capacidade da visão. Como seres pensantes, precisamos de fato possuir *algum* tipo de arquitetura cognitiva, mas a posse de uma variedade pode excluir outra. Como me disse Noam Chomsky:

> Somos parte do mundo orgânico, e não anjos. Isso significa que temos capacidades fixas. Essas capacidades são extremamente estruturadas. Se não fossem, não seríamos capazes de coisa alguma. O que permite a elas ter

uma produção complexa também lhes impõe uma limitação. Assim, para quaisquer criaturas haverá uma diferença entre problemas e mistérios — entre coisas que estão dentro do alcance de nossas capacidades cognitivas e as que são difíceis demais para serem exploradas.

Em outras palavras, para ser capaz de uma forma de conhecimento, você tem de ser incapaz de outra:

> Para ser capaz de se tornar um ser humano, você tem de ser incapaz de se tornar uma abelha. É claro que se você não tiver nenhuma estrutura interna, não será capaz de se tornar coisa alguma. Se tiver instruções internas que permitam que certo curso de desenvolvimento ocorra para gerar um resultado complexo, esse próprio conjunto de instruções impossibilitará outros resultados. Surge então a questão da medida em que o âmbito de nossas faculdades cognitivas coincide com as verdades interessantes sobre o mundo.

Talvez possamos nos alterar a fim de adquirir as faculdades necessárias para a solução de nossos mistérios, uma sugestão contra a qual McGinn nos acautela:

> Talvez fôssemos constituídos de tal modo que, para ter o conhecimento filosófico que desejamos, devêssemos ser uma espécie completamente diferente de seres psicológicos: poderíamos ter de sacrificar tudo que é característico da natureza humana, nosso próprio modo de sensibilidade, para possuir os tipos de faculdade que produziriam facilmente conhecimento filosófico. E talvez, tudo pesado e medido, preferíssemos não ser esse tipo de ser ... A aptidão filosófica pode ser um traço que seria melhor para nós não possuir.[6]

McGinn acredita que os seres humanos têm um método natural de compreender fenômenos. Ele o chama de "conjectura CALM", abreviatura de "Combinatorial Atomism with Law-Like Mappings" ("Atomismo combinatório com mapeamentos de tipo legal"), mas um bom epíteto seria "reducionismo". Compreender um objeto é conhecer suas partes componentes e os modos como elas interagem ao longo do tempo. É ser capaz de desmontá-lo e montá-lo de novo. Para compreender substâncias físicas como água, devemos ter conhecimento dos elementos atômicos que se combinam para lhes dar suas qualidades macroscópicas. No caso de órgãos humanos como o coração ou o fígado, precisamos conhecer sua constituição e papel no organismo. Figuras geométricas requerem que conheçamos as linhas, pontos e ângulos de que um quadrado ou triângulo se compõem. McGinn salienta que a matéria filosófica tende a resistir à decomposição. Por exemplo, nossos pensamentos conscientes são possíveis graças à atividade eletroquímica nos neurônios do cérebro. Mas quando percebo um gato cinza, minha experiência não é literalmente feita de neurônios. Se fosse feita de alguma coisa, seria de qualidades fenomênicas como forma, cor e pelosidade.

O processo físico dentro de nosso crânio pode ser analisado em termos redutivos, com as estruturas celulares e as reações químicas elucidadas, os impulsos nervosos rastreados e um quadro geral da atividade do cérebro correlacionada com a fala e a percepção. No entanto, a razão por que toda essa atividade deveria produzir experiência consciente continua sendo um mistério. E, segundo McGinn, por mais que se venha a investigar essa atividade, não se chegará a uma resposta. Os lingüistas têm uma conhecida dificuldade em explicar o funcionamento da faculdade inata de linguagem que todos possuímos, ainda que eles próprios tenham plena posse dessa faculdade. Não há nada de estranho nisso, porque não deveríamos esperar que o componente mental que produz conhecimento lingüístico comum fosse penetrável por aquele que busca conhecimento teórico reflexivo. Assim, ao tentar analisar conceitos de uma psicologia de senso comum como "intenção" e "crença", estamos "relacionando um órgão mental a outro, mas isso pode ser tão inútil como tentar bombear sangue com os rins".[7] Não há razão para conseguirmos, uma vez que a consciência foi projetada como um veículo de representação mental, não como objeto dela. Mas é possível que, para criaturas constituídas de outra maneira, a conexão entre o mental e o físico seja tão incontroversa quanto o funcionamento do coração e dos pulmões.

Embora McGinn pergunte a si mesmo como esses seres estranhos poderiam ser, vários deles parecem estar caminhando sobre a Terra na forma de filósofos como Daniel Dennett e Patricia Churchland. Esses otimistas acreditam que os misterianos subestimaram o reducionismo. Churchland me disse que o problema da teoria de McGinn é que nunca se sabe quando ela se aplica. Uma questão pode *parecer* insuperável mas ter sua solução muito próxima, e nunca ficaremos sabendo se começarmos a descartar os problemas como sendo mistérios. Um impasse não prova a existência de uma barreira misteriana. A filosofia misteriana pode equivaler a mero derrotismo inspirado pelas vastas extensões de tempo que por vezes são requeridas para se resolver um problema. Por exemplo, machados de mão, sem cabo, existiram por 30 mil anos antes que alguém pensasse em prendê-los a uma haste, ainda que a capacidade cranial humana não tenha se alterado consideravelmente nessa escala de tempo. Poderíamos imaginar que um homem das cavernas rachando coisas com as mesmas ferramentas que vinham sendo usadas havia 29 mil anos estaria coberto de razão se pensasse que nenhuma tecnologia melhor seria concebida, mas sabemos que estaria errado. Como Churchland escreveu certa vez: "Suponha agora que encontremos algum fenômeno realmente misterioso. Isso seria um fato psicológico a nosso respeito — não um fato metafísico sobre a natureza do mundo. É um fato sobre o que conhecemos ou não, sobre o ponto atingido ou não pela ciência."[8] Embora o misterianismo seja uma teoria sobre nossas faculdades mentais, estas, como fatos fisiológicos, estão no domínio da natureza e como tais não podem ser determinadas a partir de nossa perplexidade instintiva.

O misterianismo pode se sustentar como um tipo de psicologia especulativa, mas pode também tombar. Não há candidatos incontestes a mistério. Segundo o próprio McGinn, estariam entre eles os problemas do eu, do livre-arbítrio e do conhecimento — três questões para as quais os filósofos têm dado explicações bastante boas nos últimos anos. Quanto ao problema do surgimento do mental a partir do físico, Dennett chegou a intitular um de seus livros sobre o assunto *Consciousness Explained*. Se há coisas que somos constitucionalmente incapazes de compreender, o lugar onde a linha deve ser traçada será claramente um deles, pois isso parece exigir que sejamos capazes de nos situar dos dois lados dela. Isto é, haveria um paradoxo em conhecer o bastante sobre a questão para dizer que nunca poderemos compreendê-la. Se há alguma coisa que somos incapazes de saber é se o misterianismo é ou não correto.

Partes do mundo podem estar além de nossa compreensão de duas maneiras: ou um fenômeno dentro de nossa experiência é inexprimível ou podemos ser incapazes de perceber sua existência. A questão é se podemos compreender tudo que podemos apreender, e há motivos para se suspeitar que a resposta é sim. Presumivelmente, gatos e cães não se perguntam do que tratam as estranhas inscrições da escrita humana. Eles absolutamente não se dão conta de que algo como a escrita existe, e presumivelmente é por isso que gatos não vêem nada de errado em se acomodar para dormir em cima dos jornais que você está lendo. Como Bernard Williams observou acerca de valores morais, assim que entramos em contato com uma cultura estrangeira e reconhecemos uma de suas práticas como representando um pensamento ético, ela deixa de ser incomensurável com nosso próprio sistema de valores. Valores verdadeiramente incomensuráveis não nos pareceriam sequer ser valores, se é que a idéia de sua existência chega a fazer sentido. O sentido do sonar, ou ecolocação, empregado pelos morcegos é muitas vezes citado como algo que impede que saibamos como é ser uma criatura desse tipo. O filósofo norte-americano Thomas Nagel escreve: "Mesmo que eu pudesse ser gradativamente transformado num morcego, nada em minha presente constituição me permite imaginar como seriam as experiências desses futuros estágios de mim mesmo assim metamorfoseado." Isso o leva a afirmar que "há fatos que não consistem na verdade de proposições expressáveis em linguagem humana".[9] No entanto, sonar é uma maneira de representar dados, mais do que uma fonte de dados em si mesmo (isto é, no sentido relevante aqui — uma vez que temos dados indicando que ele existe e sabemos razoavelmente bem como funciona). Ser incapaz de representar as coisas de uma maneira *particular* é diferente de ser incapaz de representá-la de alguma maneira.

Seria possível argumentar que nossa incapacidade de experimentar a ecolocação não é em absoluto um problema filosófico, mas um problema físico sem nada de misterioso, muito parecido com não ter um carro. O filósofo D.H. Mellor trata do problema da individualidade de maneira semelhante. Eu poderia me perguntar por que eu sou eu, e não uma outra pessoa, como Bill Clinton, Britney Spears ou meu vizinho de porta, e procurar no mundo fatos que fizeram com que Eu (meu ego) fosse eu (Nicholas Fearn). Como esses fatos não podem existir, minha própria existência pode parecer misteriosa — eu poderia me perguntar se alguma outra pessoa teria podido ser Nicholas Fearn, ou se eu teria podido ser alguma outra pessoa, ou absolutamente ninguém. Mellor explica que essas indagações são como perguntar por que hoje é terça-feira: "Uma vez que saibamos o que é um *eu*, não precisa haver mais mistério sobre isso do que sobre o que é preciso para ser *esta* sala quando sabemos o que é *uma* sala."[10]

Podemos perguntar se são nossas capacidades ou as capacidades de nossas ferramentas que são supostamente insuficientes para compreender as experiências dos morcegos. Se forem nossas próprias capacidades físicas e intelectuais, seremos capazes de muito pouca coisa quando todas as nossas ferramentas — nossos vocabulários, métodos científicos, matemática — forem retiradas. Mas se nossas ferramentas forem admitidas, as coisas parecem mais promissoras, pois potencialmente não há limite para as ferramentas que podemos desenvolver e usar. Por exemplo, nossa falta de sentido de ecolocação não impediu ninguém de usar microfones de alta freqüência e *scanners* para pesquisar teses sobre o sonar dos morcegos. Não ocorreria também a ninguém sugerir que há contas de multiplicação que somos incapazes de compreender porque o número de dígitos envolvido impede que mesmo o maior gênio matemático encontre a solução sem a ajuda de um computador. Algumas ferramentas, como lógica e adjetivos, parecem tão perto que chegam quase a ser parte de nós, enquanto outras, como supercomputadores, parecem fornecer uma compreensão mais distante. Os físicos muitas vezes explicam fenômenos com teorias que parecem extremamente absurdas. Para a maioria de nós, pode ser difícil compreender essas soluções — e, como no caso da teoria quântica, talvez ninguém consiga compreendê-las completamente —, mas nem por isso elas deixam de ser as respostas. Elas o são porque se você fizer os cálculos, é a elas que chegará, mesmo que lhe seja difícil traduzir os cálculos num processo físico que possamos imaginar.

O filósofo cristão Peter van Inwagen simpatiza com os misterianos, mas sugere outra possibilidade:

> O progresso individual no conhecimento filosófico é possível, mesmo que não possamos transmitir esse conhecimento de maneira confiável neste estágio da história, ao passo que o conhecimento científico (embora talvez não o processo criativo) pode ser seguramente transmitido a outros simplesmente pelo ensino e pelos livros-texto. É possível que você tenha o conhecimento em filosofia, ou pelo menos uma crença verdadeira justificada, mas as bases de sua certeza sejam inexprimíveis.

Eu lhe perguntei se ele próprio sabia de alguma coisa incomunicável. "Espero que sim", respondeu ele, "embora isso provavelmente tenha mais a ver com Deus do que comigo. Se não houvesse razões comunicáveis para crenças, teríamos muito menos do que temos. Considere as crenças políticas, por exemplo. As pessoas descobrem razões comunicáveis para elas, mas não convencem ninguém." Os irmãos Hubert e Stuart Dreyfus propuseram uma explicação quase-misteriana dessa idéia. O objetivo dos filósofos, de Sócrates a Kant, foi adivinhar a natureza de universais como Bem, Verdade e Beleza. Se conhecêssemos sua natureza intrínseca, estaríamos mais bem equipados para agir em conformidade com eles — para nos comportar de maneira apropriada, julgar de maneira benévola e raciocinar com sabedoria. Imaginamos que encontramos nosso caminho para o conhecimento aos tropeções, primeiro notando casos particulares de verdade antes de perceber a regra ou os princípios que unem todos os fatos de dado tipo e aplicá-la para discernir novas coisas. Parece que ficamos tão acostumados a empregar essa regra que nos esquecemos de que o estamos fazendo, e, quando perguntados sobre as regras que estamos usando, somos incapazes de responder.

Sócrates descobriu que isso acontecia com muitos peritos na antiga Atenas e dedicou seu tempo a extrair as regras desses indivíduos esquecidos. Num dos primeiros diálogos de Platão, *Eutífron*, o pai da filosofia, interroga o profeta epônimo sobre a natureza da piedade. Como os peritos dos outros diálogos de Platão, o melhor que Eutífron consegue fazer é dar exemplos de atos piedosos, narrando histórias mitológicas em que deuses e homens se comportam de uma maneira que todos concordam ser piedosa. Mas quando Sócrates perdeu a paciência, querendo saber as regras pelas quais o profeta podia reconhecer aquilo como casos de virtude, Eutífron não soube o que dizer. A mesma história é repetida em muitos outros diálogos, em que o infeliz convidado de Sócrates é capaz de fazer julgamentos seguros dentro de sua área de conhecimento, mas não consegue exprimir como chega a eles. Seu algoz concluiu que essas supostas autoridades eram de fato tão ignorantes como ele mesmo professava ser, mas, como os irmãos Dreyfus explicam:

> Platão admirava Sócrates e via seu problema. Desenvolveu então uma explicação do que causava a dificuldade. Peritos, pelo menos em áreas que envolvem conhecimento não empírico, como moralidade e matemática, tinham, em outra vida, disse Platão, aprendido os princípios envolvidos, mas os haviam esquecido. O papel do filósofo era ajudar esses peritos morais e matemáticos a lembrar os princípios segundo os quais agem.[11]

Os irmãos afirmam, contudo, que Sócrates compreendia o saber de uma maneira inteiramente errada. Afirmam que as regras são somente para iniciantes e que a maior sabedoria é a capacidade de discernir intermináveis casos especiais sem apelo a regras. Por exemplo, todos sabemos amarrar os cadarços de nossos sapatos, mas não sabemos dizer como o fazemos. Provavelmente, contudo, houve para cada um de nós uma época em que podíamos explicar isso melhor — no estágio em que tínhamos que pensar com muito cuidado para executar essa tarefa. Agora que estamos acostumados a isso, esquecemos os passos explícitos envolvidos e não mais precisamos conhecê-los explicitamente para levar a tarefa a cabo — "Normalmente um perito não calcula. Não resolve problemas. Nem sequer pensa. Simplesmente faz o que funciona normalmente e, é claro, normalmente isso funciona."[12] Assim, perguntar a um perito pela regra que está usando é forçá-lo a regressar ao nível de um iniciante e expressar os princípios que aprendeu na escola, e com o desajeitamento de lembrar vem o desajeitamento do início de sua carreira. Um iniciante comporta-se como um computador programado heuristicamente, ineficiente, ao passo que um perito age intuitivamente.

Colin McGinn conformou-se com o que para ele é a insolubilidade dos problemas filosóficos. Disse-me que estava plenamente satisfeito com suas idéias misterianas. Como escreveu numa nota de rodapé: "Sinto um prazer perverso à idéia de que [minha teoria] será provavelmente a opinião ortodoxa nos estágios finais do calor do Sol."[13] Se os irmãos Dreyfus estiverem certos, algumas questões consideradas insolúveis pelo misterianos foram resolvidas muito antes que os filósofos começassem a trabalhar nelas.

PARTE III

QUE DEVO FAZER?

11

SORTE MORAL

"A benevolência, ou o que é muitas vezes visto como tal, é a mais egoísta de todas as virtudes: nove vezes em dez, provém da mera indolência de temperamento."

William Hazlitt

"A consciência é a voz interior que nos adverte que pode haver alguém olhando."

H.L. Mencken

"Mesmo que Hitler, em vez de devastar a Europa e exterminar milhões, tivesse morrido de ataque cardíaco depois de ocupar os Sudetos, o gesto de Chamberlain em Munique teria sido uma profunda traição aos tchecos, mas não teria sido o grande desastre moral pelo qual seu nome se tornou conhecido."

Thomas Nagel

UMA TARDE, EM ABRIL DE 2004, espalhou-se pela aldeia inglesa de Wooler o rumor de que um caixa eletrônico local estava fornecendo duas vezes mais dinheiro do que cada cliente solicitava. Os *pubs* esvaziaram-se e as portas das casas ficaram escancaradas enquanto os aldeões corriam para retirar todo o dinheiro que seus cartões permitiam. Em menos de uma hora, a fila fora do Banco Barclays se estendia por todo o comprimento da High Street, e uma comunidade em geral cumpridora da lei havia se transformado numa súcia de ladrões. Consta que apenas um beneficiário teria devolvido seus ganhos no dia seguinte. Em vez de processar tantas pessoas, o banco decidiu assumir o prejuízo, e o acontecimento é hoje lembrado com saudade como a "Quarta-feira dourada".[1] Dada a quantidade de culpados, a condenação moral também poderia seguir o caminho da lei. No entanto, não deixou de ser uma ação errada, e muitos pensariam que aqueles que cederam à tentação aviltaram sua dignidade enquanto engordavam suas carteiras. Ao mesmo tempo, os que tiraram dinheiro da máquina não conspiraram para que o banco local começasse a distribuir dinheiro. Sua boa sorte pecuniária foi acompanhada por uma igual dose de má sorte na esfera moral. Pois, se não tivessem topado com tal oportunidade, teriam sem dúvida continuado a viver suas vidas relativamente irrepreensíveis.

Durante quase toda a história da disciplina, os filósofos negaram que algo desse tipo possa ocorrer, afirmando que a sorte, embora possa afetar nosso bem-estar físico ou moral, não pode realçar ou apagar nossa virtude inerente ou a falta dela. O projeto moral dos gregos antigos buscava proteger nossas vidas contra a má sorte. Embora nossas circunstâncias materiais não pudessem ser tornadas imunes à Fatalidade, pensava-se que a vida interior de uma pessoa possuía certo grau de liberdade em relação a ela. Tragédias podiam afetar nossas emoções assim como nossa carne, mas pelo menos nossas *atitudes* em face desses pensamentos e sentimentos podiam permanecer intocadas. Nosso vigor pode ser destruído pela doença, nossa liquidez financeira pode ser arruinada pelo desemprego, mas catástrofes semelhantes não podem acontecer a nosso valor moral. Se este último é degradado — ou acentuado —, isso só pode ser o resultado de nossa própria vontade, nossas próprias decisões. A integridade de uma boa intenção é invulnerável, não importa o que seu primeiro contato com o mundo ocasione. Como Immanuel Kant escreveu no século XVII:

> Mesmo que, por uma fatalidade particularmente infeliz ou pela provisão avara de uma natureza madrasta, essa vontade carecesse por completo da capacidade de realizar seu propósito, e mesmo que o maior esforço não lhe ajudasse em nada a atingir o seu fim, e se restasse somente a boa vontade ... ela cintilaria por si só como uma jóia.[2]

O problema é que, como a maior parte das jóias, uma boa vontade não pode cintilar enquanto não tiver sido arrancada do fundo da terra. Em outras palavras, precisa ser posta em prática. Ações, contudo, podem ser bem ou malsucedidas, e o resultado sempre depende, em certo grau, de contingências externas. Foi somente no final do século XX que os filósofos passaram a aceitar com tranqüilidade essa difícil situação. Foi o filósofo inglês sir Bernard Williams que cunhou a expressão "sorte moral" para descrevê-la.

Para ilustrar a sorte moral, Williams me deu o exemplo de Paul Gauguin, o pintor impressionista que abandonou a família para viver numa ilha nos mares do Sul, na crença de que isso o ajudaria a se tornar um grande artista. Aparentemente, foi um ato egoísta, mas sua crueldade foi mitigada pelo sucesso do plano. Segundo Williams, só é possível decidir a questão da legitimidade do ato de Gauguin verificando se ele foi ou não bem-sucedido. No entanto, por mais que tivesse confiança em seu talento, Gauguin não podia ter certeza absoluta de que estava certo na avaliação de seu potencial. Portanto, o pintor não poderia ter determinado através da razão se sua decisão era moralmente justificada no momento em que a tomou. Como seu sucesso dependia pelo menos em parte de sua sorte, sua decisão foi uma jogada moral. Embora ganhar uma aposta possa fazer de alguém uma pessoa mais rica, supomos em geral que não pode fazer de alguém uma pessoa melhor. No entanto, quando examinamos as obras de Gauguin no Museu D'Orsay, em Paris, tendemos a aprovar sua autoconfiança e não a condenar seu egoísmo. No mínimo, suas contribuições para o cânone da grande arte provam que seu egoísmo não era presunção. Em benefício de seu status moral, Gauguin teve a sorte de possuir o talento para vencer.

A sorte moral pode trabalhar tanto a nosso favor quanto contra nós. O filósofo norte-americano Thomas Nagel fez uma observação sobre a "diferença moralmente significativa" entre direção imprudente e homicídio culposo. Que um motorista imprudente atinja uma criança depende de ela estar atravessando a estrada quando ele avançou o sinal vermelho. Se fosse inteiramente inocente, o motorista se sentiria péssimo com seu papel no acontecimento, mas não moralmente arrasado. Mas se houvesse alguma negligência envolvida, qualquer que fosse, como ter deixado de verificar os freios regularmente ou não ter dormido antes de começar a viagem — ele se acusaria pela morte da criança. Como Nagel escreve:

> O que torna isso um exemplo de sorte moral é que ele sentiria apenas uma leve culpa pela negligência em si mesma se não surgisse uma situação que exigisse frear de repente para evitar atingir a criança. No entanto, a *negligência* é a mesma em ambos os casos, e o motorista não tem nenhum controle sobre a eventualidade de uma criança cruzar seu caminho ... Se deixamos negligentemente a torneira aberta com o bebê dentro da banheira, vamos compreender, quando subimos a escada correndo rumo ao banheiro, que se o bebê tiver se afogado fizemos algo de terrível, ao passo que se nada tiver acontecido fomos meramente descuidados.[3]

Na visão de Nagel, há utilidade legal em considerar o motorista responsável pelo que fez, mas seria irracional estender o julgamento a seu caráter moral.

Williams discordou, e introduziu a noção de "pesar do agente". Se o motorista imprudente fosse um amigo nosso, nós nos reuniríamos à sua volta e lhe diríamos que não fora falha sua e que ele não deveria se sentir culpado. Mas compreenderíamos suas emoções, pois elas seriam muito naturais nas circunstâncias. O próprio Williams pensava que não experimentar esses sentimentos seria dar sinal de insanidade, pois não podemos nos dissociar nos aspectos não intencionais de nosso comportamento conservando nossa identidade e caráter pessoais. Ainda que não considerássemos o motorista responsável, faríamos uma idéia muito pior dele se não sentisse nenhum pesar e simplesmente desse de ombros, dizendo: "Foi uma coisa terrível que aconteceu, mas eu fiz tudo para evitá-la." É também duvidoso que este seria um mundo melhor se não fizéssemos caso das conseqüências terríveis mas imprevistas de nossas ações. Como ressaltou a filósofa Margaret Walker, podemos confiar que nossos amigos se adaptarão a uma mudança em nossas necessidades que não poderiam ter previsto quando se tornaram nossos amigos, e podemos esperar que os pais cuidem de seus filhos doentes embora não tenham causado eles próprios a doença.[4] Está na natureza dos deveres exceder muitas vezes a seu alcance inicial, e podemos nos ver em situações morais difíceis. Ao aceitar a sorte moral, ao aceitar responsabilidades que não buscamos, somos capazes de exibir virtudes que de outro modo não seriam exercidas. Por exemplo, ao aceitar a natureza indefinida da responsabilidade, somos capazes de exibir a virtude da confiabilidade ao mostrar que estaremos à disposição de nossos amigos, mesmo que suas necessidades não estejam sob nosso controle.

Alguns filósofos usaram a questão da oportunidade como mais uma maneira de negar a existência da sorte moral. Norvin Richards afirma que a "sorte" dos motoristas negligentes que *não* atropelam pedestres está em que sua culpa passa despercebida. Isto é, eles e os motoristas que matam são igualmente desprezíveis. A má sorte envolvida não é aquilo que afeta nosso caráter moral, mas o que torna nosso caráter inferior transparente para os outros. Richards sugere que a culpabilidade é de fato pior no caso do motorista que supostamente teve "sorte moral" — pois seu mau comportamento tem maior probabilidade de persistir. Os britânicos afortunados, que nunca tiveram de enfrentar a ocupação nazista na década de 1940, por exemplo, "provavelmente viverão uma vida inteira em que levarão o prazer da autoridade demasiado a sério e a dor de outros muito levianamente. Será uma vida tolhida, bem como danosa."[5] A suspeita de Richards ameaça despedaçar uma fonte de orgulho nacional para os britânicos, a maioria dos quais nunca conseguiria se imaginar colaborando com uma força nazista de ocupação com o entusiasmo manifestado pelos franceses. Contudo, não fosse pela fortificação natural de 32 quilômetros de largura conhecida como canal da Mancha, os britânicos poderiam certamente ter na memória uma experiência semelhante à de seus vizinhos. Houve pouca resistência nas Ilhas do Canal depois de sua tomada pelas tropas alemãs em 1940, de modo que os anglófobos poderiam supor que o resto da população do Reino Unido teria se comportado da mesma maneira. Talvez a Grã-Bretanha tivesse se comportado muito melhor nessa eventualidade, mas não podemos ter certeza disso. Certos países ocupados — notavelmente a Bulgária — perseguiram os judeus com muito menos avidez que as autoridades francesas, embora estivessem possivelmente sob maior pressão dos alemães. Mas, dadas as evidências disponíveis, a virtude que os britânicos se atribuem parece depender em grande medida de sua geografia fortuita.

Um dos muitos luxos que os cidadãos do rico Ocidente podem se proporcionar é um senso moral extremamente desenvolvido. Não há necessidade de declarar "cada um por si" quando todos os homens recebem alimento, abrigo e segurança por direito nato. Com os benefícios das garantias de propriedade e da soberania da lei, juntamente com a ausência de malária, de fome e de mortalidade infantil elevada, as pessoas nos países desenvolvidos foram poupadas da necessidade de roubar pão, subornar fiscais tributários e cometer assassinatos em lutas de guerrilha contra forças governamentais ou exércitos rebeldes. Podemos nos permitir até "luxos morais" como dietas vegetarianas de alto teor protéico e instituições para o bem-estar dos animais que inspiram riso ou descrença em grande parte do Terceiro Mundo. É óbvio que não deveríamos nos sentir excessivamente orgulhosos por evitar atos criminosos que não temos necessidade de cometer. Por exemplo, uma pessoa pode evitar relações extraconjugais por ser capaz de rejeitar todas as propostas mediante um férreo autocontrole. Outra poderia alcançar o mesmo resultado simplesmente por não receber nenhuma proposta. Há ainda o caso do sujeito que deseja ardentemente a secretária mas não consegue passar um fim de semana com ela embora a encha de presentes. O erro deste último personagem está patente nas incessantes cartas de amor e caixas de bombons indesejadas, mas os dois primeiros indivíduos são semelhantes à primeira vista. Contudo, embora pudéssemos elogiar o primeiro, não sentimos nenhuma necessidade de louvar o segundo — pois não estaríamos elogiando nada além de sua inatividade. A "sorte" envolvida não é que as circunstâncias fizeram do primeiro homem uma pessoa melhor que o segundo, mas que elas tornaram mais fácil ver que sujeito fiel ou disciplinado ele é. O segundo homem pode ser igualmente virtuoso, mas isso é menos óbvio no seu caso. De maneira semelhante, é possível que as pessoas da Grã-Bretanha fossem do tipo que trancafiaria os judeus em campos de concentração assim que os alemães assobiassem. Contudo, em vez de testar apropriadamente as circunstâncias, devemos lhes dar o benefício da dúvida. Não pode haver a mesma concessão no caso das populações da França e da Alemanha, porque elas foram postas à prova e se mostraram aquém das expectativas.

Seria absurdo acusar pessoas por coisas que não fizeram, como colaboração, assim como seria absurdo sustentar que os que cometeram esses atos não deveriam ser considerados responsáveis por eles, mas é isso que qualquer negação da sorte moral acarreta. Em certo sentido, "temos sorte" cada vez que somos bem-sucedidos em uma ação, porquanto nenhum evento aleatório interferiu para fazê-la falhar, mas isso não nos impede de elogiar e condenar ações deliberadas. O que interessa é que, embora sejamos livres, só podemos fazer nossas escolhas a partir das alternativas que encontramos. É aqui que a sorte intervém, pois diferentes pessoas em diferentes momentos fazem diferentes opções. Poderíamos procurar minimizar o efeito da sorte seguindo um caminho muito estreito, autosuficiente, ao longo da vida, mas isso não é nem fácil nem desejável para um ser humano completo.

Isso não quer dizer que não haja medidas a tomar. A erudita clássica e filósofa norte-americana Martha Nussbaum escreveu: "As emoções, na concepção de Aristóteles, não são sempre corretas — tanto quanto as crenças e ações. Elas precisam ser educadas e postas em harmonia com uma visão correta da boa vida humana ... no que diz respeito tanto a paixões quanto a ações."[6] Parece haver algo como competência moral, que não é apenas uma questão de ter boas intenções, mas envolve habilidades como saber a coisa certa a fazer, dar-se conta dos sentimentos dos outros e nunca esquecer o dia do seu aniversário de casamento.

Uma pessoa pode fazer mal a outra continuamente, sempre assegurando que não teve intenção, mas por fim, depois de 15 anos sem um único presente de aniversário, uma mulher fatalmente pensará que o marido simplesmente não se importa com ela, por mais que ele afirme o contrário. Em última análise, a ação é o único teste confiável para a intenção. Se a ação nunca se produz, a intenção é muito provavelmente uma farsa. A culpa do marido pode ser genuína à sua maneira, mas ele a sente precisamente por causa da luz que suas ações lançam sobre suas intenções — "Talvez eu seja um porco egoísta", pensa ele, ou, "Talvez ela signifique menos para mim do que eu pensava". No mínimo, falta-lhe o tipo de inteligência moral que a virtude requer. Na moralidade, a ignorância da lei não é desculpa. Ser uma boa pessoa é em parte uma questão de distinguir o certo do errado. Poderíamos considerar crianças cruéis imaturas em vez de perversas, mas mudaremos de opinião se elas nunca aprenderem algumas lições essenciais. Um mau homem é por vezes incapaz de extinguir seus impulsos virtuosos; assim, constrói uma masmorra para eles e permanece "bom no íntimo", apesar de seus crimes. Não se pode elogiá-lo por isso. Julgamos uma nação por seu regime de governo, não por seus prisioneiros políticos.

É importante que Paul Gauguin tenha tido sorte da maneira "certa" quando realizou seu potencial para se tornar um grande artista. Isto é, seu plano funcionou tal como ele pretendia e não como resultado de alguma outra razão fortuita. Estaríamos menos dispostos a absolvê-lo se seu sucesso se devesse somente à feliz circunstância de que um gênio morasse na ilha escolhida e tivesse conseguido transmitir parte de seu talento ao jovem francês. Mas como seu sucesso foi propriamente uma realização *sua*, as ações de Gauguin são perdoadas e não o vemos simplesmente como arrogante, iludido, egocêntrico ou irresponsável. Um excêntrico desprovido de talento nada mais é que um tolo. Como os cínicos sempre desconfiaram, a moralidade tem a ver, em certa medida, com aquilo de que conseguimos escapar impunemente. Atos que poderiam ser hediondos da parte de uma pessoa podem ser meras contravenções se cometidos por outra. A sorte depende portanto das nossas aptidões, bem como das circunstâncias. Aristóteles afirmou que condições materiais mínimas deveriam estar asseguradas para que uma pessoa pudesse viver a boa vida. Não podemos mostrar generosidade sem ter alguma coisa para dar, nem demonstrar coragem sem saúde e vitalidade para fazer frente aos nossos adversários. As virtudes mais elevadas, sustentou ele, eram intelectuais e alcançadas através da contemplação, mas para que isso fosse possível a pessoa devia dispor de certa quantidade de tempo ocioso — assim como do tipo certo de capacidade mental.

Há algo na explicação de Aristóteles que ofende nossas expectativas morais tanto quanto inquietou seus quase contemporâneos. Acreditamos que o valor moral deve ser acessível a todas as pessoas em todos os momentos e situações — tanto ao mendigo quanto ao rico. Gostamos de pensar que a virtude, diferentemente de outros atributos, não pode ser herdada em genes ou patrimônios. Como o expressou Bernard Williams:

> A capacidade de conduta moral está supostamente presente para todo e qualquer agente, para todo aquele para quem a questão possa ao menos se apresentar. A vida moral bem-sucedida, independentemente de considerações de nascimento, criação afortunada ou mesmo da Graça incompreensível de um Deus não pelagiano, é apresentada como uma carreira aberta não meramente para os talentos, mas para um talento que todos os seres racionais possuem necessariamente no mesmo grau. [Assim] ela proporciona consolo para um sentimento de injustiça do mundo.[7]

O consolo proposto por Williams só se sustenta, é claro, se o resto da injustiça do mundo não parecer ainda mais agudo quando os moralmente irrepreensíveis sofrem enquanto os culpados colhem as recompensas da vida. Pode ser que prefiramos jantar com Richard Nixon a fazê-lo com a madre Teresa, mas nesse caso a falha é nossa e não dela. Temos mais do que um respeito fingido pela idéia de que o caráter moral é o valor mais elevado e a verdadeira marca de um homem. Como Williams explicou, a virtude "deve merecer nossos interesses mais fundamentais como agentes racionais, e em reconhecimento disso devemos apreender não só a imunidade da moralidade à sorte mas nossa própria imunidade parcial à sorte através da moralidade". Para ser o valor supremo, a moralidade deverá ser mais importante do que a riqueza, a inteligência ou a proeza física, pois ela oferece pouco incentivo se for meramente "um último recurso, a pensão barata do espírito". Se for permitido à sorte fazer parte da virtude moral de um homem, esta não poderá ser considerada indiscutivelmente o valor mais elevado, porque estaria sujeita à fortuna não conquistada ou corrupção não merecida.

Os escritos de filósofos como Williams e Nagel são uma advertência contra a febre moral. O primeiro concluiu:

> O ceticismo quanto a estar a moralidade livre da sorte não pode deixar o conceito de moralidade inalterado; do mesmo modo, esse conceito não pode deixar de ser perturbado pelo ceticismo em relação à imagem muito estreitamente relacionada que temos de que existe uma ordem moral dentro da qual nossas ações têm uma significação que não lhes pode ser atribuída por mero reconhecimento social. Essas formas de ceticismo vão nos deixar com *um* conceito de moralidade, mas um conceito menos importante, certamente, do que o nosso é geralmente considerado; e esse não será o nosso, uma vez que algo particularmente importante no nosso é a importância que lhe é atribuída.[8]

Podemos sem dúvida nos perguntar se a suposta invulnerabilidade da virtude à fatalidade era nossa *única* razão para considerá-la o valor mais elevado. Isso certamente faria dela o traço pelo qual somos mais responsáveis — e portanto o mais indicativo de caráter —, mas por si só não faz dela o valor mais importante. A imunidade à sorte não teria nenhuma importância se já não considerássemos a moralidade algo de excelente. E isso é bom, porque a sorte assegura que nunca controlamos realmente nosso bem mais precioso.

12

O CÍRCULO EM EXPANSÃO

"Num momento as afeições benévolas abraçam meramente a família, logo a expansão do círculo inclui primeiro uma classe, depois uma nação, depois uma coalizão de nações, depois toda a humanidade; finalmente, sua influência é sentida nas relações do homem com o mundo animal."

W.E.H. Lecky

"Eu e meu clã contra o mundo;
eu e minha família contra o meu clã;
eu e meu irmão contra a minha família;
eu contra o meu irmão."

Ditado somali

"A crença em Deus, ou em muitos deuses, impediu o livre desenvolvimento do raciocínio moral. A descrença em Deus, abertamente admitida por uma maioria, é um evento muito recente, ainda não completado. Por ser esse evento tão recente, uma ética não religiosa está num estágio muito incipiente."

Derek Parfit

QUANDO A SEGUNDA GUERRA Mundial foi deflagrada, o ator inglês David Niven abandonou seu recém-adquirido estrelato em Hollywood a fim de voltar para casa e se alistar como voluntário no esforço de guerra. "Meu rapaz", disse-lhe Winston Churchill uma noite, "você fez uma coisa admirável ao abandonar uma carreira tão promissora para lutar pelo seu país... Mas note: se não tivesse feito isso, teria sido desprezível."[1] Segundo

Churchill, não havia um território neutro entre o certo e o errado onde fosse possível levar uma vida moral tranqüila. No entanto, é assim que a maioria das pessoas acredita estar vivendo. Poucos de nós fazemos grandes esforços pessoais para aliviar o sofrimento do Terceiro Mundo, mas tampouco sentimos que somos nós que o infligimos. A nosso ver, não somos merecedores nem de louvor nem de censura. Não estamos interessados em moralidade — mais ou menos como não estamos interessados em política. No entanto, para o filósofo Peter Singer, somos tão censuráveis quanto o jovem Niven seria. A moralidade tende a permear tudo, e ao deixar de fazer o bem todos nós cometemos atos evidentes de omissão.

Peter Singer é o maior expoente contemporâneo do utilitarismo, doutrina segundo a qual as ações deveriam maximizar a maior felicidade para o maior número de pessoas. Como cada ação que praticamos tem conseqüências que promovem ou estorvam esse fim, estamos verdadeiramente imersos na moralidade. Com sua constituição enxuta e ar exausto, o acadêmico australiano parece encarnar a pressão incontrolável dessa perspectiva. "Temos de seguir o raciocínio até onde ele leva", disse Sócrates, e Singer — durante uma carreira em Melbourne, Oxford e agora Princeton, onde lhe fiz uma visita num dia chuvoso de primavera — obedeceu a esse conselho em detrimento da tradição, do sentimento e, alguns diriam, do senso comum. Foi numa fila para o almoço em Oxford que ele se converteu ao vegetarianismo. Logo assumiu a causa dos direitos dos animais e em 1975 publicou *Animal Liberation* — obra que vendeu mais de 500 mil exemplares e forneceu a força intelectual para todo um movimento. Foi nesse e em outros livros que ele tentou sua mais ambiciosa expansão de nossa vida ética — a multiplicação dos indivíduos moralmente relevantes de modo a incluir animais não humanos.

Em 2003, o romancista sul-africano J.M. Coetzee escreveu em *Elizabeth Costello* que, em decorrência da matança de animais para servir de alimento numa escala industrial, "estamos cercados por um empreendimento de degradação, crueldade e matança que rivaliza com qualquer coisa de que o Terceiro Reich tenha sido capaz". Diferentemente dos alemães comuns, que continuaram a levar suas vidas cotidianas enquanto os nazistas arrebanhavam os judeus de suas vizinhanças, os carnívoros estão participando ativamente no assassinato em massa de nossos dias. Segundo Singer, nossos descendentes poderão um dia nos ver como selvagens por esse "crime de proporções assombrosas". O professor Singer é membro do movimento pelos direitos dos animais, embora, como utilitarista, não acredite em direitos como tais. O que importa é que as coisas se resolvam da melhor forma, e os direitos são válidos apenas na medida em que promovem esse fim. Apesar disso, a idéia dos direitos dos animais esteve aliada ao utilitarismo desde o seu nascimento. No século XVIII, Jeremy Bentham, o fundador do utilitarismo, escreveu sobre a perversidade de se considerar que a cor da pele de uma pessoa justifica sua escravização, acrescentando:

> Talvez chegue o dia em que o resto da criação animal poderá adquirir aqueles direitos que nunca lhes poderiam ter sido negados exceto pela mão da tirania... Poderá chegar o dia em que se reconhecerá que o número de pernas, a pilosidade da pele ou a terminação do *os sacrum* são razões igualmente insuficientes para se abandonar um ser sensível à mesma sorte. Que mais deveria traçar a linha insuperável? Seria a faculdade da razão, ou talvez a faculdade da fala?[2]

A resposta é não, pois "um cavalo ou um cão plenamente desenvolvido é um animal incomparavelmente mais racional, bem como mais comunicativo, que um bebê". A questão importante, conclui Bentham, "não é 'Podem eles *raciocinar*?' nem 'Podem *falar*?', mas 'Podem *sofrer*?'" Poucos negariam que pelo menos os animais superiores podem ter a sensação de dor como os seres humanos, e se não pudessem não faria nenhum sentido que pesquisadores de cosméticos testassem seus produtos aplicando-os nos olhos de coelhos.

Perguntei a Singer se fazia alguma diferença o fato de que os animais mortos para servir de alimento nunca teriam vivido se não tivessem sido criados para esse propósito. Ele respondeu: "Penso que seria melhor para os animais de corte não ter existido. Suas vidas não têm qualquer qualidade positiva." Mas alguns animais vivem muito melhor e por mais tempo em fazendas do que viveriam na natureza, onde poderiam não ter acesso regular a comida, calor e abrigo. Mesmo sua matança em condições humanas talvez seja menos desagradável que uma morte lenta por doença ou a agonia de ser devorado vivo por um predador. Singer não se deixa abalar por essas objeções, embora se preocupe em frisar que a maior parte da produção de carne não é humanitária. Não condena aqueles que chama de "carnívoros conscienciosos", que consomem apenas animais que levaram vidas de beatitude natural em fazendas orgânicas. Quando observei que seu suéter era de lã, ele lançou um olhar para os punhos e deu de ombros. "Talvez seja. Veja, eu não sou um fanático. Não sairia para comprar lã, mas não faz sentido jogar fora as coisas que me dão ao longo dos anos. Sendo um conseqüencialista, penso se isso vai fazer diferença."

É difícil criticar a posição de um racionalista utilitarista, pois se mostramos uma maneira em que sua tese conduz a um resultado indesejado, eles simplesmente modificam a tese — pois sua posição é definida como seja o que for que leve ao melhor resultado. Singer não é insensível às diferenças importantes entre os seres humanos e os outros animais — uma das quais é nossa maior capacidade de antecipar nosso sofrimento:

> Suponha que desejássemos realizar experimentos científicos letais com seres humanos adultos normais, seqüestrados aleatoriamente de parques públicos para esse fim. Logo, todo adulto que entrasse num parque público passaria a ter medo de ser seqüestrado para experimentação. O terror resultante seria uma forma de sofrimento adicional a qualquer dor envolvida no próprio experimento. Os mesmos experimentos realizados com animais não humanos causariam menos sofrimento no todo, pois eles não teriam o mesmo pavor antecipatório. Isso não significa, apresso-me a dizer, que não haja problema em fazermos experimentos com animais como bem entendamos; mas somente que se o experimento *deve* ser feito de todo modo, há *alguma* razão, compatível com a justa consideração dos interesses, para se preferir usar animais não humanos a seres humanos adultos normais.[3]

Não é que Singer goste de animais ou deteste pessoas. Ele escreve:

A suposição de que para se ter interesse por essas questões é preciso ser um "amante dos animais" é ela própria um indicador da ausência da mais leve suspeita de que os padrões morais que aplicamos entre seres humanos deveriam se estender a outros animais. Ninguém, exceto um racista empenhado em difamar seus opositores como "amantes de negros", sugeriria que para se preocupar com a eqüidade em relação a minorias raciais maltratadas é preciso amar essas minorias ou considerá-las atraentes e desejáveis. Por que então fazer essa suposição acerca de pessoas que trabalham em prol de melhorias nas condições dos animais?[4]

Singer pede que pratiquemos a virtude socrática da coerência. Assim, se pesquisadores médicos desejam fazer experimentos com animais vivos, devem pensar também na possibilidade de praticar em seres humanos com danos cerebrais que tenham faculdades equivalentes. No cálculo ético de Singer, o que importa são preferências, interesses e a capacidade de sofrer, e os seres humanos não são as únicas criaturas que possuem todos os três. Por outro lado, alguns seres humanos — como aqueles em estado vegetativo persistente — carecem dos traços necessários para a pessoalidade, e não precisamos tratar esses infelizes melhor do que os não esclarecidos tratam hoje os animais. Seja qual for o direito que conferimos aos seres humanos, não podemos negá-lo aos animais apenas por eles não serem humanos (embora possa haver outras razões). A idéia de direitos dos animais é por vezes negligentemente rejeitada com base na consideração de que direitos implicam deveres. Realmente implicam, mas nada obriga a que um único e mesmo indivíduo deva receber o direito e arcar com o dever concomitante. Atribuímos direitos aos bebês mesmo sem esperar que eles cumpram sua parte em qualquer "acordo".

Para Singer, os privilégios dos animais incluem até o direito de ter relações sexuais com seus donos. O professor escreveu uma famigerada defesa do bestialismo numa resenha do livro *Dearest Pet*. Quando lhe perguntei se falara a sério, ele respondeu como se não houvesse nada de extraordinário na idéia: "Um cachorro pode lamber os órgãos genitais de uma mulher se quiser, ou se afastar. Não há nada de errado nisso, se não houver coerção envolvida." Seria fácil fazer críticas aqui — que dizer de um filhotinho que não soubesse o que estava fazendo, fosse induzido com biscoitos para cachorro e a quem fosse dito que podia brincar com alguns meninos e meninas? Mas a idéia do professor Singer é que nós também somos parte do reino animal e que nossa ética deveria refletir essa compreensão.

Singer espera uma "revolução copernicana" na ética que leve em conta as idéias de Darwin — um novo universo moral em que a vida humana não esteja mais no centro. Mas mesmo que Deus seja retirado do quadro moral, está longe de ser claro que haveria uma demanda de universalismo, a idéia de que não podemos reconhecer quaisquer "interesses especiais" — tais como ligações mais próximas com a família e os amigos em vez de com estranhos — numa decisão ética. O problema que a maioria dos filósofos tem com Singer é sua recusa de fornecer um fundamento para suas estridentes idéias. Quando falei com sir Bernard Williams sobre Peter Singer, ele descreveu as idéias do australiano como "uma forma medonha de dogmatismo quase religioso". O homem a quem se referiu como o "horrível Singer" não está "nem sequer interessado nos fundamentos do princípio da utilidade. A questão de por que deveríamos pensar que todas as nossas vidas são guiadas por um único e simples princípio é descartada em algumas páginas e em seguida passa-se a explicar com grande entusiasmo como, se adotarmos esse princípio, quase tudo que fazemos está errado."

A relutância de Singer em se concentrar em princípios primeiros é compreensível, dada a sua idéia de em que consiste a moralidade. Segundo seu "utilitarismo de preferência", a coisa moralmente correta a fazer é aquela que satisfaz as preferências do maior número de pessoas (em contraposição ao "utilitarismo hedonista" de Jeremy Bentham, para o qual a meta é a maximização do prazer para o maior número). No entanto, se a moralidade realmente se reduzir à satisfação de preferências, não acrescenta nada dizer que tal conduta é "moralmente correta". Portanto, a força do princípio utilitarista não pode vir da compreensão de que essa é a "verdade moral", mas de nossa aceitação prévia de que esse princípio é sempre moralmente correto. Em certo sentido, Singer não está tentando nos convencer de coisa alguma, mas sim tentando trabalhar dentro daquilo em que supõe já acreditarmos de maneira latente. Como não há nenhuma fonte transcendente de bondade na ética utilitária de Singer, o certo é uma questão de levar até o fim nossos julgamentos racionais, que se fundam em premissas. Embora ele seja um crítico ardoroso da idéia de seguirmos nossos instintos, essas premissas são elas próprias instintos de certo tipo, ainda que se localizem na mente e não no coração. Uma vez que o princípio da utilidade é explicitado, parece que devemos pensar que foi isso que estivemos tentando expressar através de nossas ações o tempo todo. Lamentavelmente para Singer, essa não é a reação universal a seus esforços.

Argumentos filosóficos em prol dos princípios utilitaristas são necessários, porque algumas das conseqüências das idéias de Singer vão parecer à maioria de nós absurdas e irrealistas. Se tivéssemos a opção de salvar ou uma menina de quatro anos ou uma família de gatos de um prédio em chamas, não hesitaríamos em salvar a menina. Essa é uma preferência instintiva intuitiva, e se deveríamos mantê-la depende do que identificamos como o objetivo da ética — pôr idéias preconcebidas em ordem coerente ou decidir que crenças deveríamos ter. Consideração pelos animais é uma coisa, mas conceder-lhes status igual ao dos seres humanos é outra. Há algumas pessoas com quem temos uma relação moral especial, como nossos amigos, parentes e aqueles que tomamos sob nossa guarda. Quando ouve objeções desse tipo, Singer observa a semelhança delas como uma observação feita pelo oficial alemão Hermann Göring: "Penso com meu sangue." Foi o instinto visceral que construiu os campos de concentração, não a racionalidade como muitas vezes supõem os que desconfiam do Iluminismo.

Singer não acredita que alguém deveria ter peso especial em termos de tratamento preferencial dentro dos cálculos utilitaristas — nem mesmo o responsável pelos cálculos. No entanto, seu trabalho será impossível se desejar estender seu interesse para tudo o que sofre. O filósofo inglês Roger Scruton escreve:

Abstrair-me de meu interesse não significa consultar o seu. É obrigação de um juiz pôr de lado seus próprios interesses para fazer justiça. Mas isso não significa que ele chega à solução justa levando em conta os interesses de alguma outra pessoa, muito menos os interesses de todos os demais — se o fizesse, jamais chegaria a um julgamento.[5]

Precisamos desconsiderar os interesses de muitos indivíduos se não quisermos ficar paralisados diante da mais simples decisão ética — porque nunca podemos prever todas as conseqüências de nossas ações. O princípio de Immanuel Kant segundo o qual "onde não há possibilidade não há dever" parece nos absolver de qualquer erro, mas, como Scruton mostraria, Kant não era um utilitarista como o professor Singer. O mundo de Singer é um mundo de desesperança moral, onde parecemos condenados a errar, embora sejamos obrigados a tentar a tarefa impossível de agir corretamente. O professor me assegurou que não há nenhum paradoxo e que precisamos apenas fazer o melhor que podemos: "Não podemos ser censurados se, por razões imprevisíveis, nossas tentativas de fazer o que terá as melhores conseqüências der errado." Porém é exatamente o previsível, mas incontrolável, que Scruton tem em mente.

A tentativa de Singer de avançar pelo labirinto moral apresentado pelo utilitarismo o levou a fazer inimigos mais perigosos que Roger Scruton. Embora não possamos prever o futuro, diz ele, podemos ao menos ter clareza com relação ao presente. Ele escreve: "Não há regra que diga que um x potencial tenha os mesmos valores ou os mesmos direitos que um x. Muitos exemplos mostram exatamente o contrário. Arrancar uma planta que está brotando não é o mesmo que derrubar um venerável carvalho."[6] Se cozinhar um ovo não nos perturba, quando nem sonharíamos em fazer o mesmo com uma galinha adulta viva, isso deveria nos dizer alguma coisa sobre o chamado "direito à vida" do feto não nascido. De fato, podemos dizer que o professor Singer, em momentos notoriamente infanticidas, considerou o aborto permissível mesmo várias semanas *após* o nascimento, caso a criança seja gravemente incapacitada. Por essas idéias, Singer foi objeto de mais do que a irritação de pensadores rivais.

Sua nomeação para uma cátedra em Princeton, em 1999, provocou vários dias de irados protestos do lado de fora da faculdade, e o magnata dos negócios Steve Forbes jurou que não daria mais nenhum dinheiro à instituição. Durante uma conferência na Alemanha sobre crianças deficientes, em 1989, ele foi vaiado pelo público; um membro da platéia subiu ao palco e quebrou seus óculos. Nessa ocasião, como em muitas outras, ele foi acusado de simpatias nazistas, embora seus pais fossem judeus austríacos refugiados e três de seus avós tenham morrido em campos de concentração. Singer protesta que nada tem contra os deficientes, mas ressalta que, ao criar uma criança assim, um casal com recursos limitados está, por assim dizer, privando uma futura criança saudável de uma vida muito mais plena. Pode parecer estranho considerar indivíduos que ainda não existem de fato, mas como utilitarista ele está pelo menos sendo coerente ao desejar um mundo com tantas preferências satisfeitas quanto possível.

Para um suposto fascista, Singer se situa muito à esquerda política. Embora tenha pouca simpatia por certas crenças nucleares esquerdistas, como a propriedade coletiva, ele defende a caridade sistemática para com nossos semelhantes. Exorta as famílias norte-americanas a doarem 70% de sua renda aos pobres; ele próprio gasta pouco com luxos. A fonte dos problemas sociais, afirma, é que a moralidade humana se desenvolveu a partir de princípios naturais de retaliação e troca de favores. Se os pobres se tornam tão fracos que nada do que façam pode afetar os ricos, qualquer incentivo para cooperação fracassará — ameaçando arrastar a sociedade:

> Se nenhum gesto seu faz realmente muita diferença para mim, o toma-lá-dá-cá não funcionará. Assim, embora a igualdade não seja necessária, uma disparidade excessiva em poder ou riqueza eliminará o incentivo à cooperação mútua. Se você deixa um grupo de pessoas tão excluído da comunidade social que elas não tenham nenhuma contribuição a dar, você as aliena das práticas e instituições sociais de que são parte; e elas quase certamente se tornam adversários que representam uma ameaça a essas instituições.[7]

Em certo sentido, ele não está pedindo nada de novo, apenas fazendo apelo à nossa racionalidade — pois a distância faz coisas estranhas com nosso senso moral. Segundo a "regra dos cinco mil quilômetros", alguns indivíduos acreditam que não há nada de errado em cometer adultério se estiverem longe de casa — como se isso fosse de algum modo melhor que ter um caso com o vizinho de porta. O mesmo pensamento significa que podemos permanecer imperturbáveis pelo conhecimento de que alguém do outro lado do globo não tem o suficiente para comer, mesmo que nunca fôssemos permitir que alguém morresse de fome na soleira de nossa própria porta. No entanto, ao recusar o envio de dinheiro para os pobres no exterior, nós os estamos condenando da mesma maneira que o faríamos com os que estão mais perto de casa se abolíssemos a previdência social. Essas são reações naturais, comuns a quase todos nós, mesmo que a infra-estrutura do mundo moderno nos permita ampliar nossa caridade a todo o globo, se assim o desejarmos. Contudo, nunca afirmaríamos que o número de quilômetros que nos separa de alguém que precisa de nossa ajuda deveria ser uma consideração moral. Agir como se fosse revela um "distancismo".

O tipo de utilitarismo de Singer constitui um esquerdismo paternalista. Reconhece somente as preferências que as pessoas teriam em condições ideais. Assim, a preferência de uma camponesa de continuar presa a seu fogão deve ser desconsiderada em favor da preferência contrária que ela teria se tivesse tido acesso a uma educação ocidental. O ábaco utilitarista deve ser operado pelos bem informados, que conhecem os "melhores interesses" das pessoas e estão dispostos a promovê-los, mesmo que os beneficiários de sua boa vontade possam não estar. Na sociedade de Singer, não se alcançaria isso violentando as preferências dos "ignorantes", mas persuadindo-os suavemente até que compreendessem a necessidade de mudança. Teríamos que torcer para que eles não fossem como boa parte da população mundial e não se mostrassem teimosos demais para compreender as coisas com razoável rapidez.

Singer acredita que essas perspectivas são boas, pois a história parece estar do seu lado. Esperando o dia em que o preconceito que ele chama de "especismo" tomará o mesmo caminho que o sexismo, o classismo e a homofobia, ele está imaginando o próximo passo óbvio num processo histórico: o famoso círculo em expansão do historiador W.H. Lecky, que levou a paridade moral para uma variedade cada vez maior de agentes. O suposto endosso da história talvez tenha dado a Singer um escudo contra as ofensas pessoais de que tem sido alvo. Deu também uma serenidade a suas argumentações — não há nelas nada da fanfarrice hipócrita que caracteriza tantos daqueles com que ele concorda na defesa dos direitos dos animais. Contudo, ele não parece considerar que o círculo em expansão pode ter um interior sombrio. O processo pode ser visto como um desenvolvimento positivo ou ser encarado cinicamente como um rebaixamento, em que pessoas e espécies terminam por ser igualmente sem valor. Depende de se os animais vão adquirir o valor dos seres humanos ou se os seres humanos serão reduzidos ao status de animais. Valores derivados do capricho humano serão considerados menos invioláveis do que aqueles antes vistos como representação da vontade de Deus expressa através de nossas consciências.

À medida que nossa esfera de interesse se alargou, começamos a testemunhar o fenômeno da "diluição moral". O filósofo Friedrich Nietzsche sugeriu certa vez que as raízes da observância moral residem em assuntos legais, que ela foi originalmente uma espécie de ressarcimento vivo a credores que haviam morrido. Não deve ser surpresa que hoje a moralidade esteja retornando às suas origens e decaindo numa mera preocupação com as leis locais. Esse processo já está ocorrendo no Ocidente, se a história recente da indústria dos seguros for indicativa. Os que reivindicam reparação por danos pessoais não sentem nenhuma vergonha se a letra da lei lhes permite arrancar imensas indenizações punitivas de companhias que não teriam podido, em termos sensatos, evitar os danos. Dilemas morais são decididos por recurso à Constituição dos Estados Unidos cada vez que um parente idoso e doente é abandonado num asilo público por uma família que não deseja cuidar dele. Políticos culpados de abomináveis falhas morais defendem rotineiramente o direito de continuar em seus cargos sob a alegação de que "nada fizeram de ilegal". Em nações com obsessão legal, talvez devamos esperar que, se nenhuma lei foi violada, considera-se que nenhum erro foi cometido. A "revolução copernicana" de Singer pode não conduzir ao esclarecimento que ele imagina. A curto prazo, contudo, as coisas parecem caminhar nesse sentido. Uma vez perguntei à eminente filósofa moral norte-americana Christine Korsgaard se estudar ética tornava seus colegas de profissão pessoas melhores. "Bem", respondeu ela após pensar por um momento, "a maioria de nós é vegetariana."

13

O SIGNIFICADO DA VIDA E DA MORTE

"Um teste rápido da afirmativa de que o prazer sobrepuja o sofrimento neste mundo, ou de que ambos de alguma maneira se equilibram, seria comparar os sentimentos de um animal ocupado em devorar outro com os daquele que está sendo devorado."

Arthur Schopenhauer

"Um homem vai à Índia, consulta um sábio numa caverna e lhe pergunta qual é o significado da vida. O sábio lhe responde em três frases, o homem lhe agradece e vai embora. Há também diversas variantes dessa história: na primeira, o homem vive de maneira significativa depois disso; na segunda, ele divulga as frases para que todos saibam o significado da vida; na terceira, transforma as frases em letras de rock, fazendo fortuna e permitindo a todos assobiar o significado da vida; e na quarta variante, seu avião cai quando ele viaja após se encontrar com o sábio. Na quinta, a pessoa que me ouve contar a história pergunta que frases o sábio disse... E na sexta, eu lhe digo."

Uma paródia, por Robert Nozick

O FILÓSOFO DE OXFORD R.M. Hare, morto em 2002, gostava de contar a história de como um adolescente suíço hospedado em sua casa havia mudado de repente de sua disposição normalmente alegre para uma depressão mórbida. Hare sentiu-se compelido a agir depois que o menino parou de comer, começou a vagar pelo campo após o anoitecer e, de maneira muito sintomática, "nos surpreendeu uma manhã pedindo cigarros — até então, nunca havia fumado". A influência da filosofia francesa era inconfundível e, de fato, veio a se saber que o jovem hóspede havia sofrido um choque psicológico uma noite após ler *O estrangeiro*, do existencialista Albert Camus. Como Mersault, o herói do magnífico romance, ele havia concluído que "nada importa". A cura foi simples. Hare escreveu:

> Meu amigo não havia compreendido que a função da palavra "importar" é expressar interesse; ele havia pensado que importar era algo (alguma atividade ou processo) que as coisas faziam, mais ou menos como falar; como se a frase "Minha mulher me importa" fosse similar em função lógica à frase "Minha mulher me diz". Se pensamos assim, podemos começar a nos perguntar que atividade é essa, chamada importar; e podemos começar a observar o mundo atentamente (ajudados talvez pelas descrições claras e frias de um romance como o de Camus) para ver se conseguimos perceber alguma coisa fazendo algo que possa ser chamado de importar; e quando não conseguimos observar nada acontecendo que pareça corresponder a essa palavra, é fácil para o romancista nos convencer de que, afinal de contas, *nada importa*. A resposta para isso é que "importar" não é uma palavra desse tipo; ela não se destina a *descrever* algo que as coisas façam, mas a expressar nosso interesse pelo que elas fazem; assim, é claro que não podemos observar as coisas *importando*, mas isso não significa que elas não importem... Meu amigo suíço não era um hipócrita. O problema dele era que, por ingenuidade filosófica, tomou por um problema moral real o que não era absolutamente um problema moral, mas um problema filosófico — um problema a ser resolvido não por uma luta dolorosa com sua alma, mas por uma tentativa de entender o que ele estava dizendo.[1]

O hóspede de Hare poderia ter sido curado por outra obra-prima de Camus, *O mito de Sísifo*. Sísifo foi o homem que ofendeu os deuses se recusando a aceitar a morte. Foi condenado a empurrar uma pedra até o alto de um morro, de onde ela rolaria até embaixo. Ali o processo recomeçaria, e se repetiria para sempre. Camus conclui:

É durante aquele retorno, aquela pausa, que Sísifo me interessa. Um rosto que moureja tão perto de pedras já será ele mesmo pedra? Vejo aquele homem descendo de volta com um passo pesado mas compassado rumo ao tormento cujo fim jamais conhecerá. Essa hora, como um intervalo para respirar que retorna tão certamente quanto o sofrimento — essa é a hora da consciência. Em cada um desses momentos em que deixa as alturas e desce pouco a pouco rumo ao covil dos deuses, ele é superior a seu destino. É mais forte que a pedra... A lucidez que deveria constituir sua tortura ao mesmo tempo coroa sua vitória. Não há destino que não possa ser superado pelo desprezo.[2]

O filósofo norte-americano Richard Taylor formulou os termos do debate sobre o significado da vida no mundo da filosofia analítica anglófona. Taylor serviu como oficial em submarinos durante a Segunda Guerra Mundial, mas terminou a vida como um pacifista. É lembrado como gourmet, autoridade em apicultura, autor de livros sobre amor e relacionamentos e como um conselheiro matrimonial licenciado que passara ele próprio por três casamentos. Gostava de fumar charutos enquanto dava aulas e, embora os tivesse trocado por copos de chá em seus últimos anos, morreu de câncer de pulmão aos 83 anos em 2003. Taylor concordava com Camus que Sísifo podia encontrar consolo, mas identificou duas abordagens opostas ao problema. A primeira é a partir de fora — se, por exemplo, "supomos que essas pedras ... eram reunidas no alto do morro ... num belo e duradouro templo".[3]

Olhar para a questão "a partir de fora" é identificar fontes objetivas de significado no mundo a que poderíamos esperar nos manter fiéis. São valores do tipo que o menino suíço aparentemente não conseguiu encontrar em suas longas caminhadas. Tradicionalmente, eles vinham de um Criador celeste, cuja "morte" levou às inquietações dos existencialistas. No entanto, caso perguntemos "Como pode a vida ter significado sem Deus?", a pergunta seguinte deveria ser: "Como exatamente a vida tem significado *com* Deus?" O que importa é que o desígnio de Deus deve ser ele próprio significativo, e isso lembra o antigo enigma: as boas coisas são boas porque os deuses as amam, ou os deuses as amam porque são boas? Se Deus pudesse ter decretado que os atos maus são bons e vice-versa, agir virtuosamente para agradá-lo nada mais é que obedecer ao capricho divino. De maneira semelhante, qualquer propósito da existência humana que Deus tenha em mente deve ser significativo independentemente de Seus desejos. (Não é preciso dizer que o mesmo também se aplica às intenções de nossos pais mortais.) Se vale a pena viver bem à vista de Deus, valerá a pena viver bem longe dela. Pode ser do nosso interesse seguir o plano divino — para não ir para o inferno, talvez —, mas nesse caso estamos sujeitos a coerção. Se essa situação representa verdadeiramente o significado de minha vida pode equivaler, no fundo, à minha palavra versus a Dele. Podemos aceitar ou não qualquer significado dado a partir de fora, embora não queiramos com isto, é claro, negar que algumas pessoas aceitarão alegremente um propósito que lhes tenha sido imposto. O mesmo pode ser dito sobre a resposta de uma palavra dada pelo darwinismo para o significado da vida: reprodução. A procriação está certamente entre os "interesses" de nossos genes, porque é isso que eles são ajustados para levar a cabo, mas muitos indivíduos sentem que seus próprios interesses como seres humanos idiossincráticos são muito diferentes e tratam seu imperativo biológico com o desdém que o Sísifo de Camus reserva para os deuses.

No fim das contas, como escreve outro filósofo de Oxford, David Wiggins:

> A menos que sejamos marxistas, somos muito mais resistentes, na segunda metade do século XX, do que os homens dos séculos XVIII ou XIX sabiam ser contra as tentativas de situar o significado da vida ou da história humana em concepções místicas ou metafísicas — na emancipação da humanidade, ou no progresso, ou no avanço rumo ao Espírito Absoluto. Não é que tenhamos perdido o interesse pela emancipação ou o progresso em si mesmos. Mas, quer seja temporária ou permanentemente, mais ou menos abandonamos a idéia de que a importância da emancipação ou do progresso ... é que eles são marcas pelas quais nosso minúsculo pontinho no universo pode se distinguir como o foco espiritual do cosmo.[4]

Se somos órfãos de significado, porém, isso não contribui em nada para desvalorizar qualquer objetivo que encontremos ou criemos para nós mesmos. Muitos casais têm dificuldade em conceber e gastam muito tempo e dinheiro com tratamentos de fertilização para realizar seu desejo de ter uma família. Contudo, será a vida de um bebê nascido de pais assim mais significativa que a de uma criança concebida por dois desconhecidos bêbados numa relação fortuita? Sabemos que seria ofensivo e absurdo sugerir isso. Não podemos herdar significação, assim como não podemos realmente herdar nobreza ou o direito de governar. O embrião na proveta da fertilização *in vitro* poderia crescer para se tornar um delinqüente, ao passo que a criança concebida num armário de vassouras poderia se tornar o elemento de coesão de sua família e um pilar da comunidade.

Ao que parece, resta-nos a segunda abordagem de Richard Taylor: a tentativa de encontrar significado internamente, a partir de nós próprios. O problema de Sísifo construir um templo no alto do morro é que monumentos não duram para sempre, e mesmo os que o fazem (como as pirâmides, Taylor acrescenta) logo se tornam curiosidades. Temos também de considerar quanto tempo levaria Sísifo para concluir seu templo: ou vai terminá-lo e ficar condenado ao tédio dali em diante, ou nunca o terminará, o que torna o exercício um tanto inútil. Mas Taylor escreve:

> Suponha que os deuses, num segundo momento, tivessem ficado perversamente misericordiosos, implantando [em Sísifo] um impulso estranho e irracional ... de rolar pedras. ... Para tornar isso mais vívido, suponha que façam isso implantando nele alguma substância que tem esse efeito sobre seu caráter e seus impulsos. ... Essa pequena reconsideração dos deuses ... foi misericordiosa. Através desse estratagema, conseguiram dar a Sísifo precisamente o que ele quer — fazendo-o querer precisamente o que lhe é infligido. Seja lá como ela pareça a nossos olhos, a vida de Sísifo ... está agora plena de propósito e significado, e ele se sente como se tivesse sido admitido no céu. ... A *única* coisa que aconteceu foi isto: Sísifo foi reconciliado com [sua existência]. ... Foi levado a abraçá-la. Não, contudo, pela razão ou persuasão, mas por algo nada mais racional que a potência de uma

nova substância em suas veias. ... O significado da vida vem de dentro de nós, não é concedido a partir de fora, e sua beleza e permanência excedem em muito qualquer céu que tenha sido algum dia objeto dos sonhos ou dos desejos dos homens.[5]

Esse tipo de hipérbole é mais freqüente nas bocas de pensadores menos importantes que Taylor — a saber, místicos e gurus. A mesma idéia é expressa pelo adágio moderno: "Se você não pode ter aquilo de que gosta, é melhor gostar daquilo que tem." Isso sugere o problema óbvio de que aquilo que você tem pode não merecer o seu gostar. Como o expressa David Wiggins, no cenário de Taylor:

> Parece fazer muito pouca diferença para a significação da vida o grau de sucesso ou fracasso que nossos esforços tendem a ter. Rolar pedras por rolar, rolar pedras para a construção bem-sucedida de um templo, e rolar pedras para a construção frustrada de um templo — tudo parece dar mais ou menos no mesmo.[6]

Como seres humanos, não queremos somente satisfazer nossos desejos, queremos também que esses desejos sejam legítimos ou os melhores que possamos ter. Queremos que nossas realizações signifiquem alguma coisa objetivamente, ou pelo menos se comparadas às dos outros, e não sejam apenas um meio de proporcionar alguma coisa para nós mesmos. Tampouco faria diferença se a substância posta nas veias de Sísifo estivesse fluindo através delas desde o nascimento em vez de ter sido injetada numa data posterior; a "misericórdia" dos deuses não é menos enganosa por ter uma história mais longa. Assim como qualquer desígnio divino teria de ser significativo independentemente da aprovação de Deus, o mesmo vale para os desígnios dos mortais.

O filósofo australiano Peter Singer se queixa:

> Até minha chegada a Nova York, nunca tinha conhecido ninguém que visitasse um psicoterapeuta sequer uma vez por semana; mas quando travei

conhecimento com um círculo de professores nova-iorquinos e suas mulheres, logo descobri que muitos deles faziam psicanálise diariamente. Cinco dias por semana, onze meses por ano, tinham uma sessão de uma hora, que não devia ser interrompida em nenhuma circunstância, exceto em uma emergência de vida ou morte. Não podiam sair de férias a menos que seu analista fosse tirar férias ao mesmo tempo... Alguns de meus colegas, acadêmicos de sucesso e bem remunerados, estavam entregando mais de um quarto de seu salário anual para os analistas! Eram pessoas que, até onde eu podia discernir, não eram nem mais nem menos perturbadas que as que não faziam análise... Eu tinha vontade de agarrá-las e sacudi-las... Olhando para dentro de si em busca de solução para seus problemas, as pessoas estão à procura da substância misteriosa que, na segunda maneira possível de conferir significado à vida de Sísifo aventada por Taylor, os deuses puseram em Sísifo para fazê-lo querer empurrar pedras morro acima.[7]

Singer inclina-se fortemente pela opção do templo:

Se esses nova-iorquinos afluentes tivessem pelo menos se erguido dos divãs de seus analistas, parado de pensar sobre seus próprios problemas e ido fazer alguma coisa pelos problemas reais enfrentados pelas pessoas menos afortunadas em Bangladesh ou na Etiópia — ou mesmo em Manhattam, algumas estações de metrô mais ao norte —, teriam esquecido seus próprios problemas e talvez tornado o mundo um lugar melhor também.[8]

Ao que parece, os analistas de Nova York vendiam uma doutrina muito apreciada por apresentadores de programas de entrevista e gurus orientais: que podemos encontrar a felicidade e dar significado à nossa vida simplesmente alterando nossas atitudes. O soro de Sísifo suplantou o elixir da juventude como o objeto exemplar de uma procura infrutífera. Diz-se aos infelizes que eles devem mudar sua maneira de ver as coisas, quando precisam de fato mudar sua vida — conseguir um divórcio, encetar uma nova carreira ou enfrentar o problema do filho viciado em drogas.

Certa vez um estudante pediu ao filósofo lingüístico J.L. Austin que explicasse o que era "existir". Austin respondeu que era "como respirar, só que mais silencioso". Não surpreende que o pano de fundo da vida, despido de quaisquer atividades atribuidoras de significado, pareça muitas vezes bastante sem propósito. Poderíamos nos perguntar como um recipiente assim vazio *poderia* ter um propósito. A própria noção de propósito se esvazia se alargarmos demais o seu alcance. O propósito, o significado ou o valor de algum objeto é a relação que ele tem com algo fora de si mesmo. Por exemplo, o valor de um martelo é o uso que o carpinteiro faz dele, o valor de uma criança é o afeto que por ela sente sua mãe, o propósito de um antibiótico é matar bactérias nocivas. Quando passamos a avaliar o valor de toda a vida de uma pessoa, devemos igualmente procurar algo fora dela — seu impacto na história, talvez, ou para a família que ela estabelece. Novamente, sendo algo externo à vida de uma pessoa, não precisa ser algo com que ela necessariamente se importe. Muitos cães são comprados para guardar uma propriedade, mas isso não os impede de acolher ladrões abanando a cauda.

O problema da vida de uma pessoa ameaça reemergir num teatro mais amplo — o significado de todas as coisas. Se o contexto em que nossas vidas têm significado carecer ele próprio de sentido, o mal da falta de significado pode se espalhar por toda parte. Como se queixa o filósofo moral norte-americano Kurt Baier: "As pessoas ficam desconcertadas pela idéia de que a *vida como tal* não tem significado nesse sentido, só porque pensam, muito naturalmente, que isso acarreta que nenhuma vida individual pode ter significado também. Elas supõem naturalmente que *essa* ou *aquela* vida só podem ter significado se a *vida como tal* tiver significado."[9] John Wisdom, sucessor de Wittgenstein na cátedra de filosofia em Cambridge, concordava. Ele escreveu:

> Sempre que perguntamos "O que sustenta a coisa A ou essas coisas A, B, C?" podemos responder mencionando alguma coisa diferente da coisa A ou das coisas A, B, C sobre as quais perguntamos "Que é que as sustenta?" Para responder a essa pergunta, devemos mencionar alguma coisa D diferente daque-

las que constituem o objeto de nossa pergunta, e devemos dizer que é essa coisa que as sustenta. Se com a expressão "todas as coisas" queremos nos referir a absolutamente todas as coisas que existem, obviamente não existe nada fora disso sobre o que nos perguntam agora: "Que sustenta tudo isso?" Conseqüentemente, qualquer resposta à pergunta será contraditória, exatamente como qualquer resposta para a pergunta "O que é maior que a maior de todas as coisas?" tem de ser contraditória. Essas perguntas são absurdas, ou, se você preferir, tolas, irracionais. ... Talvez aqui alguém responda que o sentido, o significado desta vida presente reside numa vida futura, uma vida no céu. Muito bem. Mas imagine que um inquiridor persistente pergunte: "Mas o que estou perguntando é: qual é o sentido de toda a vida, a vida aqui e no além, a vida atual e a futura? Qual é o sentido de todas as coisas na terra e no céu?" Devemos nós dizer que essa pergunta é absurda porque não pode haver nada além de todas as coisas, ao mesmo tempo em que qualquer resposta a "Qual é o sentido de todas as coisas?" deve apontar para algo além de todas as coisas?[10]

Wisdom responde que a pergunta não é inteiramente sem sentido. Ao contrário:

Estamos tentando encontrar a ordem no drama do Tempo. ... Devemos contudo lembrar que o que chamamos de responder a uma pergunta como essa não é dar uma resposta. Quero dizer que não podemos responder a uma pergunta como essa na forma: "O significado é tal." Semelhante idéia sobre que forma a resposta a uma pergunta deve assumir pode levar a um novo desespero, em que sentimos não poder fazer nada para responder a uma pergunta como "Que significado há nisso tudo?" meramente porque não somos capazes de sintetizar nossos resultados numa frase ou fórmula.[11]

Camus observou que "o que é chamado de uma razão para viver é também uma excelente razão para morrer".[12] Uma vida significativa e uma morte significativa, porém, não são a mesma coisa. A história registra inúmeros fracassados que encontraram seu fim salvando a vida de outras pessoas, enquanto Elvis Presley morreu no banheiro. O significado da morte tem contudo uma relação mítica com o significado da vida. No século I a.C., Lucrécio escreveu em *Sobre a natureza das coisas*:

> Volte os olhos para a eternidade que transcorreu antes que nascêssemos, e note quão profundamente ela parece ser nada para nós. Esse é um espelho que a Natureza segura à nossa frente, em que podemos ver o tempo que virá depois que estivermos mortos. Há algo apavorante na visão — algo deprimente —, algo que não seja mais repousante que o sono mais profundo?

Derek Parfit conclui:

> Se tivermos medo da morte ... o objeto de nosso pavor não é nossa *não-existência*. É somente nossa não-existência *futura*. Que possamos pensar serenamente na nossa não-existência passada não mostra que ela não é algo a lamentar. Mas, como de fato não vemos com pavor nossa não-existência passada, podemos ser capazes de usar esse fato para reduzir nosso pavor, ou depressão, quando pensamos sobre nossas mortes inevitáveis. Se muitas vezes pensamos nessa escuridão atrás de nós, e a vemos serenamente, parte dessa serenidade pode ser transferida para nossa visão da escuridão à nossa frente.[13]

O psiquiatra austríaco Victor Frankl afirmou que o pavor tem seu lugar, pois é a morte que dá à vida o seu sentido — com base no fato de que a perspectiva do fim inevitável opera maravilhas para a autodisciplina. "Se fôssemos imortais", escreveu ele, "poderíamos legitimamente adiar toda ação para sempre. Não teria importância que fizéssemos ou não uma coisa agora; todo ato poderia ser igualmente feito amanhã ou depois de amanhã ou daqui a um ano, ou daqui a dez anos."[14] Em contraposição a essa eterna fuga, temos de aproveitar nossas oportunidades terrenas enquanto podemos. Mas não é como se fôssemos perder oportunidades quando estivermos mortos, pois não haverá "nós" para perder coisa alguma. O conselho seria válido para alguém que estivesse tentando inserir o maior número possível de atividades numas férias de duas semanas, mas não pode se aplicar exatamente da mesma maneira ao tempo total de uma vida. Além disso, a morte nos faz questionar se vale a pena nos darmos ao trabalho de fazer alguma coisa enquanto estamos aqui, uma vez que um dia não restará vestígio algum de nossas realizações.

Este último pensamento partilha da obsessão com o tamanho que confunde o debate. A ciência nos mostra que os seres humanos no planeta Terra são, por um lado, um grão de poeira num grão de poeira — mal perceptíveis na escala cósmica —, mas mostra também efetivamente que quanto menor uma coisa é, mais ela se aproxima da verdadeira realidade, pois eventos e objetos macroscópicos não são mais que os efeitos de processos de partículas microscópicas. Esse é o nível em que as leis fundamentais da natureza operam. Embora objetos de tamanho médio, como nós mesmos, possam parecer ter sido deixados de lado em algum ponto na cadeia da existência, não se deveria supor que os físicos nos tornaram, por isso, irrelevantes, ou que algum dia pretenderam tal coisa. Irrelevantes para quê?, poderíamos perguntar. Thomas Nagel nos lembra: "Muitas vezes se observa que nada que façamos agora terá importância daqui a milhões de anos. Mas se isso é verdade, da mesma maneira nada que vá acontecer daqui a um milhão de anos tem importância agora."[15]

Nossos débeis corpos podem limitar o alcance de nossos empreendimentos físicos, mas isso é diferente de solapar sua significação. Medalhas de ouro olímpicas para corrida não são desvalorizadas porque leopardos e cavalos correm ainda mais depressa. Assim também, tampouco a duração finita de nossas vidas reduz sua significação. O filósofo norte-americano Robert Nozick zombou da idéia de que o faria: "Considere as coisas de que as pessoas falam como permanentes e eternas. Elas incluem (afora Deus) números, conjuntos, idéias abstratas, o próprio espaço-tempo. Alguém estaria ansioso para viver a existência de um conjunto?"[16] Mesmo que o pudéssemos fazer, isso não tornaria nossas vidas mais significativas. Todos nós vivemos menos que rochas, carvalhos e tartarugas-gigantes, contudo só ambientalistas extremos considerariam esses objetos mais importantes que a vida humana. Como Ludwig Wittgenstein refletiu:

Não só não há nenhuma garantia da imortalidade temporal da alma humana, isto é, de sua sobrevivência eterna após a morte, como de todo modo essa suposição é inteiramente incapaz de realizar o propósito a que sempre foi destinada. Há algum enigma que seja solucionado por minha existência eterna? Essa vida eterna não é ela mesma um enigma tão grande quanto nossa vida presente?[17]

A.W. Moore escreve:

Eu poderia ficar horrorizado à idéia de que viverei para sempre, sem, contudo, em nenhum momento particular no futuro, desejar que *aqueles* fossem meus últimos cinco minutos. (Isto é, eu poderia nunca querer morrer sem querer não morrer nunca.) Mais diretamente, eu poderia ficar horrorizado à idéia de que viverei para sempre *e* à idéia de que morrerei um dia... Não há razão para que qualquer dessas opções me atraia — embora não haja terceira alternativa.[18]

A segunda opção é a que mais nos ocupa. Como Thomas Nagel asseverou: "Dada a simples escolha entre viver mais uma semana e morrer dentro de cinco minutos, eu sempre escolheria viver mais uma semana... Concluo que gostaria de viver para sempre."[19] Wittgenstein observou: "A vida não é um evento na vida: não vivemos para experimentar a morte."[20] E, como disse Moore: "Minha morte nunca *chega para mim.*" No entanto, Wittgenstein acrescentou: "Se considerarmos que a eternidade significa não duração temporal mas ausência de tempo, a vida eterna pertence aos que vivem no presente. Nossa vida não tem fim da mesma maneira que nosso campo visual não tem limites."

Infelizmente, a maioria de nós pensa de fato que eternidade significa duração temporal, razão por que gastamos tanto tempo nos preocupando com a vida eterna. E, embora nossa vida possa não ter limites que experimentemos assim como nosso campo de visão não tem fronteiras que possamos ver dos dois lados, isso não significa que possuímos vida eterna, tal como seu corolário não significa que podemos ver todas as coisas na Terra. Diferentemente do problema da vida, o problema da morte não admite nenhuma dissolução. Nosso medo da não-existência é uma armadilha da Natureza. Não haveria nenhum sentido em uma criatura temer algo que não pode ter esperança de mudar, como a data de seu nascimento. No entanto, há muito sentido em temer a própria morte, porque temos algum controle sobre o momento em que sobrevirá. O instinto é um instrumento obtuso. Continua a ter esperança, e continua a nos fazer agachar, mesmo quando a morte é inevitável.

NOTAS

PREFÁCIO *(p.7-16)*

1. *The Best Mind Since Einstein* (NOVA US VHS, originalmente transmitido pela PBS TV, 1993).

CAPÍTULO 1 *(p.19-31)*

1. Thomas Reid, *Essays on the Intellectual Powers of Man*. Londres, Macmillan and Co., 1941, p.203.
2. "The Self and the Future". *Philosophical Review*, ano 79, n. 2, abr 1970, p.161-80.
3. Ray Kurzweil, *The Age of Spiritual Machines*. Londres, Orion Business Books, 1999, p.129.
4. *Reasons and Persons*, 3ª ed. Oxford, Oxford University Press, 1987, p.256.
5. Ibid., p.227.
6. Ibid., p.281.
7. Idem.

CAPÍTULO 2 *(p.32-48)*

1. Citado em Victor Grassian, *Moral Reasoning*. Nova Jersey, Prentice Hall, 1992, p.166.
2. *A Philosophical Essay on Probabilities*, in James R. Newman (org.), *The World of Mathematics*, vol. 2. Redmont, Tempus, 1988, p.1301-2.
3. *On the Genealogy of Morals*, I, 13, in Walter Kaufmann (org.), *Basic Writings of Nietzsche*. Nova York, The Modern Library, 1992, p.481.
4. *An Essay Concerning Human Understanding*, livro II, Cap. XI, seção X, Londres, Everyman, 1933, p.125.

5. Ver "The Neural Time Factor in Conscious and Unconscious Events", in *Experimental and Theoretical Studies of Consciousness*, Ciba Foundation Symposium, 174. Londres, John Wiley and Sons, 1993, p.123-37.
6. *Mortal Questions*. Nova York, Cambridge University Press, 1979, p.37.
7. Idem.
8. "Responsibility and Control", in J.M. Fischer (org.), *Moral Responsibility*. Ithaca, Cornell University Press, 1986, p.174-90; o exemplo é apresentado na p.176.
9. *Elbow Room*. Cambridge, MIT Press, 1984, p.8.
10. Ibid., p.72 (o grifo é meu).
11. *Philosophical Explanations*. Oxford, Claredon Press, 1981, p.315.

CAPÍTULO 3 *(p.49-64)*

1. *Minds, Brains and Science*. Harmondsworth, Penguin, 1984, p.44.
2. *De Anima*, livro II, in Jonathan Barnes (org.), *The Complete Works of Aristotle*, vol. 1. Princeton, Princeton University Press, 1984, p.657.
3. A.M. Turing, "Computing, Machinery and Intelligence", *Mind*, n. 59, p.433-60.
4. Ver Hans Moravec, "When Will Computer Hardware Match the Human Brain?", *Journal of*

Evolution and Technology, n.1, 1997. Disponível online em http://www.transhumanist.com/volume1/moravec.htm.

5. Ver Nick Bostrom, "When Machines Outsmart Humans", *Futures*, vol.35, n. 7, p.759-64.

6. "Minds, Brain, and Programs", *Behavioral and Brain Sciences*, n.3, 1980, p.417-24.

7. Na Conferência de Rochester, documentado em M.M. Lucas e P.J. Hayes (orgs.), *Proceedings of the Cognitive Curriculum Conference*. Nova York, University of Rochester, 1982.

8. *On the Contrary: Critical Essays, 1987-1997*. Cambridge, MIT Press, 1998, p.53.

9. Daniel C. Dennett, *Darwin's Dangerous Idea*. Hardmonsworth, Penguin, 1996, p.399.

10. Daniel C. Dennett, *Consciousness Explained*. Hardmonsworth, Penguin, 1993, p.269.

11. *Are We Spiritual Machines?: Ray Kurzweil vs the Critic of Strong AI*. Seattle, The Discovery Institute, 2002, p.64.

Capítulo 4 (p.65-78)

1. "Discourse on Method", parte IV, in *Discourse on Method and the Meditations*. Londres, Penguin, 1968, p.54.

2. "The Zombie Within", *Nature*, n. 411, 21 jun 2001.

3. "What Mary Didn't Know", *Journal of Philosophy*, n. 83, 1986, p.291-5.

Capítulo 5 (p.81-96)

1. "Are You Living in a Computer Simulation?", *Philosophical Quarterly*, vol. 53, n. 211, 2003, p.243-55. Disponível online em http://simulation-argument.com/simulation.htm.

2. Idem.

3. "How to Live in a Simulation", *Journal of Evolution and Technology*, vol.7, set 2001. Disponível online em http://www.transhumanist.com/volume 7/simulation.html.

4. Idem.

5. *Critique of Pure Reason*, prefácio à 2ª ed., p.34.

6. Esses casos são conhecidos como "casos de Gettier", em alusão ao filósofo Edmund Gettier, o primeiro a elaborá-los num artigo de 1963 que continha pouco mais de 900 palavras e três notas de rodapé: "Is Knowledge Justified True Belief?", *Analysis*, vol. 26, 1963, p.144-6.

7. "A Causal Theory of Knowledge", *Journal of Philosophy*, vol. 64, 1967, p.357-72.

8. "The Need to Know", in Marjorie Clay e Keith Lehrer (orgs.), *Knowledge and Skepticism*. Boulder, Westview Press, 1989, p.95.

9. O exemplo é de Gilbert Harman, *Thought*. Princeton, Princeton University Press, 1973, p.143-4.

10. *Warrant and Proper Function*. Oxford, Oxford University Press, 1993, p.225.

Capítulo 6 (p.97-108)

1. "Meaning and Reference", *Journal of Philosophy*, 1973, p.699-711.

2. Um relato de Samuel Putnam aparece em Bertram D. Wolfe, *Strange Communists I Have Known*. Nova York, Stein & Day, 1965, p.72-80.
3. Ver "The Meaning of 'Meaning'", *Philosophical Papers*, vol.II: *Mind, Language and Reality*. Cambridge, Cambridge University Press, 1975, p.215-71.
4. "Individualism and the Mental", *Midwestern Studies in Philosophy*, vol. 4, 1979, p.73-122.
5. *Words and Life*, 3ª ed. Cambridge, Harvard University Press, 1996, p.443-4.
6. "Knowing One's Own Mind", *Proceedings of the Aristotelian Society*, vol.60, 1987, p.441-58.
7. *Language, Thought and Other Biological Categories*. Cambridge/ Londres, MIT Press, 1984, p.93.
8. "Cutting Philosophy of Language Down to Size", in Anthony O'Hear (org.), *Philosophy at the New Millenium*. Cambridge, Cambridge University Press, 2001, p.134.
9. "The Wisdom of Repugnance", *The New Republic*, 2 jun 1997.

CAPÍTULO 7 *(p.109-19)*
1. *Armies of the Night*. Harmondsworth, Penguin, 1968, p.191-2.
2. Haia, Mouton & Co., 1957.
3. "The Role of Language in Intellingence", in Jean Khalfa (org.). *What is Intelligence? The Darwin College Lectures*. Cambridge, Cambridge University Press, 1994, p.168.

CAPÍTULO 8 *(p.120-29)*
1. *The Language Instinct*. Londres, Allen Lane/ Penguin, 1994; as citações são da edição de 2000, p.75.
2. *The Language of Thought*. Cambridge, Harvard University Press, 1975.
3. Michael Devitt do CUNY Graduate Center, citado no *New York Times*, 3 fev 2001.
4. Em "The Life of Birds", apresentado por David Attenborough para a BBC Natural History Unit, 1988.
5. *The Language Instinct*, p.55.
6. *Brainstorms: Philosophical Essays on Mind and Psychology*. Londres, Penguin, 1978; a citação é da edição de 1997, p.101-2.

A ilustração do pato-coelho é de J. Jastrow, *Fact and Fable in Psychology*. Boston, Houghton Mifflin, 1900. Foi publicada originalmente na revista de humor alemã *Fliegende Blatter*, out 1892.

CAPÍTULO 9 *(p.130-51)*
1. G.H. Israni, VSM e David R. Leffler, "Operation: World Peace", *Defense India*, 24 jun 2002.
2. *Truth and Truthfulness*. Princeton/ Oxford, Princeton University Press, 2002, p.2.
3. Ibid., p.8.
4. *Modernity and the Holocaust*. Oxford, Polity, 1979, p.7. [Ed.bras.: *Modernidade e holocausto*. Rio de Janeiro, Jorge Zahar, 1998.]
5. Felix Guattari, *Chaosmosis: An Ethico-Aesthetic Paradigm*. Bloomington, Indiana University Press, 1995, p.50-1.

6. Hugo Meynell, *Postmodernism an the New Enlightenment*. Washington, The Catholic University of America Press, 1999, p.178.
7. *Social Text*, n. 46/47.
8. Para um relato completo e uma divertida demolição de vários dos mais importantes autores pós-modernos, ver Alan Sokal e Jean Bricmont, *Intellectual Impostures*. Londres, Profile, 1998.
9. *The Postmodern Condition: A Report on Knowledge*. Manchester, Manchester University Press, 1984, p.60.
10. "Habermas and Lyotard on Post-Modernity", *Praxis International*, vol. 4, n.1, abr 1984, p.40.
11. "Pragmatism and Philosophy", in *Consequences of Pragmatism*. Minneapolis, University of Minnesotta Press, 1982, Introdução.
12. "Pragmatism, Davidson and Truth", in Ernest Lepore (org.). *Truth and Interpretation*. Oxford, Blackwell, 1986, p.351.
13. "Rational Animals", in Ernest Lepore e Brian McLaughlin (orgs.). *Actions and Events*. Oxford, Blackwell, 1985, p.480.
14. *Philosophy and Social Hope*. Harmondsworth, Penguin, 1999, p.82.
15. Citado em C.N. Degler, *In Search of Human Nature: The Decline and Revival of Darwinism in American Social Thought*. Nova York, Oxford University Press, 1991, p.84.
16. *Philosophy and Social Hope*, p.82.
17. "Pragmatism and Philosophy", in *Consequences of Pragmatism*, op.cit.
18. *Consequences of Pragmatism*, p.xxxvii.
19. *Scientific Autobiography and Other Papers*. Nova York, Greenwood, 1968, p.33-4.
20. *Philosophy and Social Hope*, p.37.

Capítulo 10 *(p.152-63)*
1. Nova York, Scribner, 2003.
2. *Problems in Philosophy*. Oxford, Blackwell, 1993, p.3-4.
3. Ibid., p.13.
4. Ibid., p.4.
5. Ibid., p.22.
6. Ibid., p.154.
7. Ibid., p.22.
8. "Does Consciounsness Emerge from a Quantum Process?", *THES*, 5 abr 1996.
9. "What is it Like to be a Bat?", in Douglas Hofstadter e Daniel C. Dennett (orgs.). *The Mind's I*. Harmondsworth, Penguin, 1982, p.394 e 396.
10. *Matters of Metaphysics*. Cambridge, Cambridge University Press, 1991, p.9.
11. H. Dreyfus e S. Dreyfus, *From Socrates to Expert Systems: The Limits of Calculative Rationality*, 1984, in Carl Mitcham e Alois Huning (orgs.). *Philosophy and Technology II: Information Technology and Computers in Theory and Practice*. Boston Studies in the Philosophy of Science Series, Reidel, 1985, p.111-30. Disponível online em http://ist-socrates.berkeley.edu/~hdreyfus/html/paper_socrates. html.
12. Idem.
13. *Problems in Philosophy*, p.152.

Capítulo 11 *(p.167-76)*

1. *Daily Telegraph*, 28 abr 2004.
2. *Groundwork of the Metaphysic of Morals*. Nova York, Harper and Row, 1964, seção 1, §3.
3. Em "Moral Luck", *Mortal Questions*. Cambridge, Cambridge University Press, 1979, p.30-1.
4. Em "Moral Luck and the Virtues of Impure Agency", *Metaphilosophy*, n. 22, p.14-27.
5. "Luck and Desert", *Mind*, n.65, 1986, p.198-205.
6. *The Therapy of Desire: Theory and Practice in Hellenistic Ethics*. Princeton, Princeton University Press, 1994, p.96.
7. *Moral Luck: Philosophical Papers, 1973-1980*. Cambridge, Cambridge University Press, 1981, p.21.
8. Ibid., p.39

Capítulo 12 *(p.177-88)*

1. David Niven, *The Moon's a Balloon*. Londres, Coronet, 1978, p.217.
2. J.H. Burns e H.L.A. Hard (orgs.). *An Introduction to the Principles of Morals and Legislation*, 1789. Londres, Methuen, 1982. Originalmente publicado em John Bowring (org.). *The Works of Jeremy Bentham*, 11 vols. Edimburgo, 1843, vol.I, p.143n.
3. "A Covenant for the Ark", *The Listener*, 14 abr 1983.
4. Prefácio à edição de 1975 de *Animal Liberation*. Nova York, New York Review of Books/ Random House, 1975, p.IX.
5. "Armchair Moralising" (resenha de Peter Singer, *Writings on an Ethical Life*), *New Statesman*, 22 jan 2001.

6. De "Taking Life: The Embryo and the Fetus", in *Practical Ethics*, 2ª ed. Cambridge, Cambridge University Press, 1993, p.153.
7. "Darwin for the Left", *Prospect*, jun 1998.

Capítulo 13 *(p.189-201)*

1. "Nothing Matters", in *Applications of Moral Philosophy*. Londres, Macmillan, 1972, p.37-8. Extrato disponível online em http://www.hku.hk/philodep/courses/cvmol/HareMeaning.htm.
2. *The Myth of Sisyphus*. Harmondsworth, Penguin, 2000, p.109.
3. *In Good and Evil*. Nova York, Macmillan, 1970.
4. "Truth, Invention and the Meaning of Life", in *Needs, Values, Truth*. Oxford, Blackwell, 1987, p.91.
5. *Good and Evil*, p.260.
6. "Truth, Invention and the Meaning of Life", in *Needs, Values, Truth*, p.91.
7. *How Are We to Live?* Londres, Mandarin, 1994, p.206-7.
8. Idem.
9. "The Meaning of Life", in E.D. Klemke (org.). *The Meaning of Life*. Oxford, Oxford University Press, 1981, p.128.
10. "The Meanings of the Question of Life", in *Paradox and Discovery*. Oxford, Blakwell, 1965, p.40.
11. Ibid., p.41.
12. *The Myth of Sysiphus*. Nova York, Vintage, 1960, p.3-4.
13. *Reasons and Persons*. Oxford, Oxford University Press, 1984, p.175.

14. *The Doctor and the Soul*. Nova York, Alfred Knopf, 1957, p.73.
15. "The Absurd", *Mortal Questions*, p.11.
16. *Philosophical Explanations*, p.585.
17. *Tractatus Logico-Philosophicus*, 6.4312. Londres, Routledge, 1993, p.72.
18. A.W. Moore, *The Infinite*. Londres, Routledge, 1990, p.227.
19. *The View from Nowhere*. Oxford, Oxford University Press, 1986, p.224.
20. *Tractatus Logico-Philosophicus*, 6.4311, p.72.

ÍNDICE REMISSIVO

aborto, 108, 184
adultério, 186
Allende, Salvador, 60
Alzheimer, doença de, 24
ambiente, 95, 101, 107, 111, 118, 146
amnésia, 24, 25
animais, 75, 89-90, 117, 124, 132, 159
    direitos, 178-82, 183-84, 187
Aniston, Jennifer, 153
Ânito, 86
aparelho Cyberlink, 65-6, 68
Aquiles, 148
Aristóteles, 7, 50, 67, 149, 173-5,
Arquimedes, 104
Atenas, 162
Austin, J.L., 53, 196
autoconhecimento, 107

Babel, 120, 129
Bacon, Francis, 10, 130
Baier, Kurt, 196
Baudrillard, Jean, 137
Bauman, Zygmunt, 137-8
Bentham, Jeremy, 179,182
bestialismo, 181
Blake, William, 55
Bostrom, Nick, 27-8, 63, 82-4
Brunson, Doyle, 48
Buda, 148
Burge, Tyler, 8, 81, 102
Bush, George, 87, 90-1, 108, 130

Camus, Albert, 90-2, 197
caráter, 41, 43-5
Carter, Jimmy, 44, 102
causa e efeito, 129, 133

cérebro, 11, 35-6, 113
    e consciência, 66-7, 74, 75-7
    evolução do, 51-2, 58
    de Jones, 44-7
    e linguagem, 122-3
    e máquinas, 50-2, 55, 57-9, 61-3
    processamento paralelo, 61-3
    e individualidade, 28-30
    e dados sensoriais, 100, 129
ceticismo, 86, 96, 141-2
Chalmers, David, 8, 66-7, 71-2, 73-4
Chomsky, Noam, 12, 83, 114-5, 152, 154,
155-6
    e lingüística, 114-8, 122-3, 129
    Syntactic Structures, 115
Churchill, Winston, 177-8
Churchland, Patricia, 55, 158
Churchland, Paul, 55
cientismo, 12-3
Clinton, Bill, 160
Coetzee, J.M., 178
compatibilismo, 37-40, 43, 48
computadores, 15, 26, 81-3, 113, 116-7,
129, 163
    e o cérebro, 50-3, 54-5, 57-64
    linguagens, 123-5
    Lei de Moore, 52
Comte-Sponville, André, 138
comunidades lingüísticas, 102, 122
conceitos:
    dualidade dos, 137
    inatos, 126-7, 128
conexionismo, 61-2
conhecimento, 81-96, 158
    inato, 109-11, 154
    variedades de, 135-6

ver também conceitos inatos

conjectura CALM, 156

consciência, 23, 55, 65-6, 68-78, 106
   e máquinas, 58-9, 62, 64
   simulada, 83

Copérnico, 74

cosmopolitismo, 148

criacionismo, 146

Crick, Francis, 68
   The Astonishing Hypothesis, 78

Critchley, Simon, 130

culturas, 148

Darrow, Clarence, 33-4, 45

Darwin, Chales, 81, 94, 146, 149-50, 182

David, Donald, 105-6

debate *nature-nurture*, 112

decaimento radioativo, 36

Dédalo, estátuas de, 87, 92

Dennett, Daniel, 8, 15, 38-9, 53, 118, 129, 153, 158
   e cérebros, 58-9, 62
   e consciência, 69, 71, 73-5
   Consciousness Explained, 158-9
   e determinismo, 46-7

The Philosophical Lexicon, 93
   citado, 19, 152

Derrida, Jacques, 8, 53, 137, 139, 142, 148

Descartes, René, 50, 107, 110-2, 117, 119
   dualismo, 67-8, 69, 99
   "Demônio Maldoso", 85, 95-6

desconstrução, 139

determinismo, 34-9, 40, 43, 46
   lingüístico, 125

Deus, 35, 85-6, 94, 107-8, 111-2, 137, 147, 150, 161, 182, 187, 191-2, 194, 199

dia 11 de setembro, ataque do, 130, 141-2

"distancismo",186

Dragão de Komodo, 110

Dretske, Fred, 89-90

Dreyfus, Hubert, 51, 59-62, 161-3

Dreyfus, Stuart, 51, 161-3

dualismo, 67-8, 69, 77-8, 99-100

Dummett, Michael, 153

ecolocação, 159-60

Einstein, Albert, 65

empirismo, 10, 111-2, 113-4, 115, 117, 129

Epicuro, 32

Epiteto, 97

escolhas, 42

espaço, 35-6, 75, 131-2, 152, 155

"especismo", 186-7

Ésquilo, 124

Everest, monte, 133

evolução (seleção natural), 92-4, 97-8, 108, 126, 132, 150

existencialismo, 40, 190, 191

experiência, 110-1, 113

externarlismo, 89, 92, 103, 107-8
   semântico, 99-101

Falácia Naturalista, 14

Fatalidade, 34-5

fé, 85, 92

fenômenos, 100

fertilização *in vitro*, 193

Feynman, Richard, 15-6

Fischer, John Martin, 44

Flores, Fernando, 59-60

Fodor Jerry, 8, 62-3, 123-5, 126-9

Forbes, Steve, 185

Formas, 110

Forster, E.M., 97

Foucault, Michel, 141

Frankl, Victor, 198-9

Franks, Bobby, 32-3

Freud, Sigmund, 49, 135

Gauguin, Paul, 169, 174
Gauttari, Felix, 138-9
Gaye, Marvin, 148
Gênesis, 120
geometria, 109-11, 157
Goethe, Wolfgang von, 55
Goldman, Alvin, 88-91, 95, 123
Göring, Hermann, 183
gramática, 117-9, 152
Greenblat, Maurice, 52
gregos antigos, 50, 104, 168

Hanson, Robin, 84
Hare, R.M., 189-90
Hawking, Stephen, 65
Hayes, Patrick, 53-4
Hazlitt, William, 167
Hebb, Donald, 69-70
Hegel, Georg, 9, 10-11
Heidegger, Martin, 59
Hipótese da Linguagem do Pensamento,
123, 126-7
Hitchcock, Alfred, 32
Holocausto, 137-8
Homem Mascarado, falácia do, 67
Hull, Ralph, 70
Hume, David, 10, 19, 21, 127, 129
Huxley, Thomas, 65
idealismo transcendental, 100-1
identidade pessoal, *ver* individualidade
Iluminismo, 135, 138, 141, 151, 183
imagens, 97-8, 121-2
imperialismo, 135
incapacidade, 181-2
incompatibilistas, 39-40, 48
Individualidade, 19-31, 158-60
inteligência artificial, 50-1, 59-60, 64,
82
inteligência, 51-2, 116
intuição, 21

Jackson, Frank, 72-3
James, William, 49
Jesus Cristo, 43-4
jogo de imitação, 50-1
Jornada nas Estrelas, 27
julgamentos de Nuremberg, 41, 114
Juster, Norton, 22

Kant, Immanuel, 7,10, 11, 134, 152-3,
161, 168, 184
  "escândalo para a filosofia", 85-6, 95
  idealismo transcendental, 100-1
Kasparov, Gary, 52, 60
Kass, Leon, 108
Koch, Christof, 68-9
Korsgaard, Christine, 188
Kroebner, Albert, 146
Kublai Khan, 98
Kuhn, Thomas, 149
Kursweil, Ray, 26

Lang, Fritz, 50, 63
Laplace, Pierre Simon, 35
Lavoisier, Antoine, 148
Lecky, W.E.H., 177, 187
Lei de Leibniz, 67
lei, 187-8
Leibniz, Gottfried, 15, 49-50, 109,
110-1
Lennon, John, 153
Leopold, Nathan, 32-4, 36
libertários, 37
Libet, Benjamin, 42-3
linguagem, 100, 106, 115-8, 150, 152, 158
  de computador, 123-5
  e pós-modernismo, 135-7
  e realidade, 142-7
  e pensamento, 120-30
lingüística, 12, 115-8, 129
livre arbítrio, 32-48, 111, 158

Locke, John, 10, 40, 112-3, 127
  Ensaio sobre o entendimento humano, 24
  e qualidades dos objetos, 133
Loeb, Richard, 32-4, 36, 45
Lucrécio, 198
Lyotard, Jean-François, 135-6, 141

MacIntyre, Alisdair, 8, 130
Madagascar, 98
Magritte, René, 97
Mailer, Norman, 114
Marco Polo, 98
marxismo, 134-5, 141, 193
materialismo, 68, 73, 78, 93-4
  dialético, 134
Matrix, 63, 81-2, 95
Maxwell, James Clerk, 55-6
McGinn, Colin, 8, 123, 153-9, 163
  The Making of a Philosopher, 153
  Problems in Philosophy, 154
mecânica quântica, 36, 83, 149, 160-1
mecanismos, 70-2
Mellor, D.H., 49, 160
memória, 23-4, 25, 28, 52
Mencken, H.L., 167
mente, 101, 107, 108, 115-6
  artificial, 83-4
  e corpo, 65-78
  e máquinas, 49-64
  e estrutura da percepção, 132-3
  susceptibilidade a idéias, 111
monismo, 22
Mil e uma noites, As, 98
Millikan, Ruth, 106-7
misterianismo, 154-63
mistérios, 154-6
Moore, A.W., 200
Moore, G.E., 14
Moore, Gordon, 52
motivação, 42

Mozart, Wolfgang Amadeus, 148
mudanças de paradigma, 148

Nagel, Thomas, 8, 43, 129, 159, 164, 167, 169-70, 176, 199-200
Napoleão Bonaparte, 25-6, 46
nativismo desenfreado, 127
naturalistras, 93-5
navajo, 125
nazistas, 41, 134, 172-3, 178-9, 185
neurônios, 61, 67, 128, 157
Newton, sir Isaac, 18, 35 ,149
Nietzsche, Friedrich, 11, 42, 130, 134-5, 142, 187
Niven, David, 177-8
Nixon, Richard, 175
novo dualismo, 68, 73-4
Nozick, Robert, 7, 8, 32, 47, 91-2, 95, 199
númenos, 100
Nussbaum, Martha, 149, 173

objetividade, 144-5
oposições binárias, 137
Orwell, George, 125-6

panpsiquismo, 76-8
Parfit Derek, 30-1, 177, 198
pássaro roca, 98, 107
pensamento moral, 187
"pesar do agente", 170
Pinker, Steven, 120, 122, 125
Pinochet, general Augusto, 60
Planck, Max, 149
Plantinga, Alvin, 93-5
Platão, 10, 11, 50, 85-7, 92, 95, 113, 153
  Eutífron, 162
  Menon, 109-10
politicamente correto, 125-6
pós-modernismo, 134-42, 146
pragmatismo, 141-51

ÍNDICE REMISSIVO

Presley, Elvis, 197
problemas, 154-5
propaganda, 91
Protágoras, 131
psicanálise, 195
Pugh, Emerson, 152
Putnam, Hilary, 15, 98-9, 101-4, 108
Putnam, Samuel, 98-9

qualia, 73
qualidades primárias e secundárias, 133
Quine, W.V.O., 8

Rabelais, François, 98
racionalismo, 100-1, 113, 117, 119
Ramsey, Frank, 120
razão, 85-6, 134-5, 140
Reagan, Ronald, 44, 91
realidade virtual, 83
realidade, 150-1
reducionismo, 73-4, 156-7
regras, 161-3
Reid, Thomas, 21, 24-5
relativismo, 131-4
religião, 51, 68, 95
    ver também Deus
Revolução Científica, 35
Richards, Norvin, 171
Robinson, Edward G., 105
Rorty, Richard, 15, 141-51
Rumsfeld, Donald, 81
Russell, Bertrand, 11-2, 76, 153-4
Ryle, Gilbert, 11

sabedoria popular, 41
Sala Chinesa, experimento da, 53-4, 56
Sala Luminosa, experimento da, 56
Sapir, Edward, 125
Schopenhauer, Arthur, 189
Scruton, Roger, 139, 183-4

Searle, John, 49-50, 53-9, 63-4
seleção natural, *ver* evolução
semântica, 55, 58, 128, 142-3
senso comum, 61-2
Sherrington, sir Charles Scott, 130-2
significado, 97-108, 143
símbolos, 55-7, 58-9
Singer, Peter, 83, 179-87, 194-5
Singh, general-de-divisão, 130-2
sintaxe, 55, 57
Sísifo, 190-5
Skinner, B.F., 115, 118
Smith, Adam, 12
Sobre a genealogia da moral, 36-7
    Assim falou Zaratustra, 83
    "*Übermensch*", 32-3
Social Text, 139-40
Sócrates, 10, 86, 109-10, 131, 161-2
sofistas, 86, 131
Sokal, Alan, 140
sorte moral, 167-176
Spears, Britney, 160
Spinoza, Baruch, 110-1
Swampman, 105-7

taxonomia, 136
Taylor, Richard, 191-2, 194-5
tecnologia, 13, 27, 49, 83
tempo, 36, 59, 75, 100, 131-2, 152, 197-8
Terceiro Mundo, 172, 178
Teresa, madre, 175
Terra Gêmea, 101-3, 108
Teseu, barco de, 22-3, 31
Tomás de Aquino, são, 50
Turing, Alan, 49
Turing, Teste de, 50, 53, 64

universalismo, 182
utilitarismo, 178-88

Van Inwagen, Peter, 161
Verdade, 110-1, 134, 146-7, 150, 161
verdade, 143-4, 149-50
   ataque à, 141-2
   científica, 148-9
Virada Lingüística na filosofia, 122-3
vitalistas, 70-2
Von Daniken, Erich, 15

Wachowski, irmãos, 63
Walker, Margaret, 170-1
Washington, George, 23
Watson, James, 68
Welles, Orson, 32
Whorf, Benjamin Lee, 125

Wiccans, 131
Wiggins, David, 192, 194
Williams, Roger, 19-20
Williams, Sir Bernard, 25-6, 28, 134-5, 159, 182
   e sorte moral, 169-71, 175-6
Wisdom, John, 196-7
Wittgenstein, Ludwig, 7, 11, 15, 19-20, 120, 122-3, 196-7, 199-200
Wooler, 167

xadrez, 52, 59-60, 63-4

Young, Andrew, 102

zumbis, 68, 74

Agradecimentos

Sou grato a Tim Crane por ajudar-me a planejar este livro e a Alan Thomas por seu minucioso exame do resultado final. O empreendimento não teria sido possível sem a generosidade das seguintes pessoas, a quem gostaria de agradecer por seu tempo e conselho: Ruth Barcan Marcus, Ned Block, Nick Bostrom, Tyler Burge, Simon Critchley, David Chalmers, Noam Chomsky, Patricia Churchland, Paul Churchland, Daniel Dennett, Cian Dorr, Hubert Dreyfus, Stuart Dreyfus, Jerry Fodor, Alvin Goldman, Christine Korsgaard, Colin McGinn, Hugh Mellor, Ruth Millikan, Martha Nussbaum, David Papineau, Alvin Plantinga, Hilary Putnam, Richard Rorty, Thomas Scanlon, John Searle, Peter Singer, Charles Taylor, Peter van Inwagen, Timothy Williamson. Sou agradecido também aos finados Donald Davidson e Bernard Williams. Por fim, obrigado aos meus editores Toby Mundy, Alice Hunt e Bonnie Chiang.

ESTE LIVRO FOI COMPOSTO EM MINION
E IMPRESSO POR BARTIRA GRÁFICA
EM JANEIRO DE 2007.